SPHINX

Das Buch

Numerologie ist der Schlüssel, mit dem sich unsere persönlichen Daten und Namen in Zahlen umwandeln lassen, die genaue und fundierte Aussagen über unsere Fähigkeiten, unsere Situation und unsere Zukunft gestatten. Wenn die Zahlen korrekt gedeutet werden, sind die daraus gewonnenen Erkenntnisse eine große Hilfe auf unserem Lebensweg. Die Zahlen als Elemente der Struktur des Universums wurden schon immer als Zugang zu einer verborgenen, übersinnlichen Welt genutzt. Dieses Buch ist ein unkomplizierter und verläßlicher Leitfaden zur Numerologie, mit dessen Hilfe Sie berechnen können, welche Gesetzmäßigkeiten für Sie zutreffen, wie Sie in Beziehung zu Ihrer Umgebung stehen, der Ihnen aber auch zeigt, wo Sie an sich arbeiten können, um in Ihrem Leben immer wiederkehrende Schwierigkeiten und Probleme zu lösen.

Die Autorin

Mary Anderson entstammt einer alten schottischen Familie, ihre Mutter war Waliserin. Dieser keltische Hintergrund mag ein Grund für ihr früh erwachtes und mit den Jahren zunehmendes Interesse an Okkultem sein. Zuerst studierte sie Politologie und Ökonomie, entschloß sich später aber zum Studium der Psychologie und Philosophie. Anschließend widmete sie sich ganz der Erforschung hypnotischer und übersinnlicher Phänomene, was sie später auch zu einer eingehenden Beschäftigung mit Astrologie und Numerologie führte.

Mary Anderson

Einführung in die Numerologie

Die geheime Kraft der Zahlen

SPHINX

Aus dem Englischen von
Jürgen Saupe

Die Deutsche Bibliothek – CIP-Einheitsaufnahme

Anderson, Mary:
Einführung in die Numerologie: die geheime Kraft der Zahlen/
Mary Anderson. [Aus dem Engl. von Jürgen Saupe].
– 3. Aufl. – Basel: Sphinx, 1993
(Sphinx pocket; 52)
Einheitssacht.: Numerology <dt.>
ISBN 3-85914-352-2
NE: GT

1993 3. Auflage

Originaltitel: Numerology
Erschienen bei The Aquarian Press
Wellingborough, England

Umschlagbild: Graham Lester
Gestaltung: Charles Huguenin
Satz: Atelier Alinea, Basel
Herstellung: Clausen & Bosse, Leck
Printed in Germany
ISBN 3-85914-352-2

Inhalt

Vorwort

Wir haben jeden Tag mit Zahlen zu tun, aber die wenigsten von uns können sich vorstellen, daß die Zahlen mehr als nur Mittel sind, mit denen wir zählen und messen. Die Zahlen haben jedenfalls geheime Eigenschaften und Bedeutungen, deren Verständnis uns einen Weg öffnet, auf dem viel zu entdecken ist, einen Weg der Selbsterkenntnis, der sich für uns, was Glück und Erfolg angeht, reichlich bezahlt macht.

Wißbegierigen Menschen, die nach dem Warum fragen, rate ich einfach, es selbst zu versuchen. Das nötige Werkzeug für die Arbeit stelle ich zur Verfügung. Wir können uns auf eine abenteuerliche Forschungsreise begeben, und wer weiß, wie tief wir in die geheimen, inneren Welten eindringen?

Es geht um die Welten abstrakter Ordnung, mit deren Hilfe sich die Mathematiker des Altertums wie zum Beispiel Pythagoras bemühten, der Menschheit ein brauchbares System zu geben, das auf den Zahlen von eins bis neun beruht. Spätere Forscher fügten noch zwei Hauptzahlen hinzu, elf und zweiundzwanzig.

Pythagoras war interessanterweise der Ansicht, daß die Natur Geometrie betreibe, und in unserer Zeit betonte C.G. Jung, daß die Zahlen kein Gegenstand der Erfindung sind, sondern sozusagen entdeckt werden. Er sagte, daß sie eigentlich spontan vom Unbewußten hervorgebracht werden, daß das Unbewußte sie als Ordnungsfaktoren verwendet.

Wann die Buchstaben und Zahlen in grauer Vorzeit entstanden sind, läßt sich nicht mehr feststellen. Für uns sind die Zahlen auf jeden Fall mit Bedeutungen verknüpft, die uns ermöglichen, Menschen und Situationen richtig einzuschätzen.

Wir alle wollen mehr über uns selbst wissen. Die Zahlen sind interessante Werkzeuge der Selbsterforschung und vermitteln uns sinnvolle Erkenntnisse über unsere Entwicklungsmöglichkeiten und Schicksale.

Sie sind nützliche Wegweiser, die uns wertvolle Aufschlüsse über unsere Zukunft, über Karriere, Glück, Gesundheit und Erfolg geben. Wenn wir die Zahlen analysieren und verstehen, sind sie wie eine Straßenkarte, die uns auf dem Weg durchs Leben führen kann. Außerdem zeigen sie uns die individuelle Ausgangslage bei unserer Geburt.

Die Kenntnis der Einzelheiten beendet unser Zögern und Schwanken. Wir kommen nicht mehr vom Weg ab, vergeuden keine Zeit mehr. Wir müssen nur unseren Zahlen wie Wegweisern folgen.

Worte sind Symbole für Gedanken und vermitteln wie die Zahlen Vorstellungen. Wir können die Worte in Zahlen umwandeln, da jedem Buchstaben ein Zahlenwert, jeder Zahl ein Buchstabe entspricht.

Als Einführung in die Arbeit gebe ich zunächst die Grundbedeutung der Zahlen.

1

Die Bedeutung der Zahlen

Die Zahl 1

Menschen mit der Zahl 1 an wichtiger Stelle in ihrem Zahlenfeld, also mit der Eins als Zahl für Geburtstag, Ausdruck, Schicksal oder Wirklichkeit, sind ihrem Wesen nach unabhängig, dynamisch, selbständig, schöpferisch und können hart arbeiten. Sie bringen viel zustande, helfen anderen mit ihrem Rat, ermutigen sie und treiben sie an. Wenn sie diese Eigenschaften konkret einsetzen, verläuft ihr Leben erfolgreich.

Die Sonne regiert diese Zahl, die für männliche Eigenschaften wie Mut, Führungsstärke, Entschlußfreudigkeit und Willenskraft steht. Menschen mit der Zahl 1 sind geistig-intellektuell ausgerichtet und eher introvertiert. Menschen, bei denen die Zahl 1 stark vertreten ist, können nur versagen, wenn sie unentschlossen und faul sind, wenn es ihnen an Selbstvertrauen mangelt und sie sich von anderen leiten lassen. In Schwierigkeiten geraten sie auch, wenn sie zu positiv eingestellt sind und sich herrschsüchtig, egoistisch und intolerant verhalten.

Wenn zukünftige Ereignisse von der Zahl 1 bestimmt sind, deutet das auf Neuanfänge, auf die Verwirklichung neuer persönlicher oder geschäftlicher Projekte hin. Erfolg tritt ein, wenn die Vergangenheit losgelassen wird. Dann ist es ander Zeit, sich entschlossen, mutig und aktiv zu geben.

Harmonie mit den Zahlen 2, 4, 7. Farben: Gelb, Gold- und Bronzetöne. Günstige Tage: Sonntag, Montag.

Die Zahl 2

Die Zahlen 1 und 2 harmonieren. Sie entsprechen und ergänzen sich wie Pole, da die Zahl 2 ihrem Wesen nach so weiblich ist, wie die Zahl 1 männlich. Menschen, in deren Zahlenfeld die Zwei vorherrscht, entfalten idealerweise Eigenschaften wie Zartgefühl, Takt, Anpassungsfähigkeit, Verständnis und Klugheit, also die besten weiblichen Eigenschaften.

Die Zahl 2 wird vom Mond regiert, und so sind diesen Menschen Heim und Familie, Frieden und Harmonie in den Beziehungen sehr wichtig. Sie sollten in ihrer Umgebung für Harmonie und Schönheit sorgen. Sie sollten nie etwas mit Gewalt angehen, sondern sich auf ihre stille, sanfte, diplomatische Art und die Fähigkeit verlassen, mit Menschen gut umgehen zu können.

Menschen mit der Zahl 2 können in Schwierigkeiten geraten, wenn sie ihren negativen Zügen zu sehr nachgeben, alles klaglos akzeptieren, was ihnen begegnet, zu tolerant sind, sich zu sehr um Einzelheiten kümmern, sich anderen nicht anpassen können. Fehlschläge erleiden sie auch, wenn sie zu launisch und empfindlich sind, sich zu schnell aufregen.

Die Menschen, bei denen diese Schwingung vorherrscht, können zu verschlossen oder auch zu emotional sein. Wenn sie erfolgreich und glücklich sein wollen, müssen sie sich um inneres Gleichgewicht bemühen. Andere Menschen werden von ihrer Wärme und Einfühlungsgabe, ihrem Verständnis angezogen.

Was zukünftige Ereignisse betrifft, legt uns die Zahl 2 nahe, vorsichtig zu sein, abzuwarten, da die Zeit für Entscheidungen noch nicht reif ist.

Harmonie mit den Zahlen 1 und 7. Farben: alle hellen und pastellfarbenen Tönungen. Günstige Tage: Sonntag, Montag.

Die Zahl 3

Die Drei ist stets mit dem Ausdruck der Persönlichkeit verknüpft. Wer die Zahl 3 hauptsächlich im Zahlenfeld hat, sollte immer versuchen, die eigene Persönlichkeit schöpferisch zum Ausdruck zu bringen. Die Zahl findet sich bei Menschen, die rednerisch und schriftstellerisch begabt sind.

Die Zahl 3 verleiht den Menschen ein grundsätzlich fröhliches, optimistisches, sorgloses Wesen. Sie dürfen nicht eingeengt werden, vertragen keinen Zwang, der sie in allzu vernünftige Bahnen lenken will. Die Zahl zeigt nämlich an, daß sie dazu geboren sind, die anderen zu ermutigen, zu unterhalten, sie gastlich bei sich aufzunehmen.

Um erfolgreich zu sein, müssen sich diese Menschen unbedingt schöpferisch betätigen, müssen Theater spielen, singen, tanzen, musizieren oder sonstwie ihre schöpferische Kraft einsetzen.

Die Zahl 3 wird dem Jupiter zugerechnet, dem Planeten des Glücks, der Fülle und der Freude. Diese Menschen wünschen sich weitgespannte Kontakte, ein geselliges Leben, viele Freunde und einen Beruf, der nicht zu nüchtern und langweilig ist.

Menschen der Zahl 3 kommen in Schwierigkeiten, wenn sie ihre Anlagen nicht entwickeln, wenn sie sich pessimistisch geben und anderen den Spaß verderben, statt ihnen Freude zu schenken. Versagen werden sie auch, wenn sie zu unruhig sind, nicht bei einer Sache bleiben können und sich so viele Sorgen machen, daß sie und ihre Umgebung am Ende bloß noch nervös sind.

Probleme entstehen auch, wenn die Charakterzüge überbetont werden, was zu Selbstlob, Angeberei und Eitelkeit führt. Zu den negativen Zügen gehören auch Zynismus und Snobismus.

Erfolg haben die Menschen mit der Zahl 3, wenn sie ihre Gaben entwickeln und einsetzen. Dann bringt ihr Leben den anderen Glück, und ihnen selbst Erfüllung. Für die Zukunft bedeutet die Drei grünes Licht und daß die Schicksalsgöttin Glück verheißt.

Harmonie mit den Zahlen 6 und 9. Farben: alle Violett- und Purpurtöne. Günstiger Tag: Donnerstag.

Die Zahl 4

Wenn in unserer Familie jemand die Drei hat und ein anderes Mitglied von der Vier geprägt ist, werden wir immer wieder den großen Unterschied zwischen beiden bemerken. Die zwei Zahlen schließen sich nämlich gegenseitig beinahe aus, obwohl sich beide viel zu geben hätten.

Menschen mit der Zahl 4 sind vor allem willensstark und ernst, da die Vier die Zahl des Willens ist, und so können sie mit Kraft etwas aufbauen, sind wirklich konstruktiv, arbeiten gern und achten auf Details. Sie können in gleichem Maß auch gewaltig destruktiv sein.

Menschen mit der Zahl 4 werden erfolgreich sein, wenn sie bereit sind, durch Arbeit ihre Geschicklichkeit zu entwickeln, um sie in den Dienst am anderen zu stellen. Sie sollten zuverlässig, verantwortungsbewußt und ausdauernd sein, da mit Hilfe ihrer Arbeit, ihrer konstruktiven Fähigkeiten viele große Dinge errichtet werden. Routinemäßiges und systematisches Arbeiten, bei dem auf jede Einzelheit geachtet wird, ist ihnen wichtig. Veränderungen mögen sie nicht, es sei denn, sie werden vorher angekündigt. Sie sind verläßlich, hartnäckig und entschlossen, bringen etwas zuwege.

Die Zahl 4 gehört zum Planeten Uranus in seiner eher saturnischen Ausprägung, und daher gilt die Vier als verhältnismäßig einschränkende und erdhafte Zahl.

Menschen, die die Eigenschaften der Vier stark verkörpern, sehen sich Einschränkungen unterworfen, doch ihre starke Willenskraft, ihre schöpferische Phantasie lassen sie die Schwierigkeiten überwinden, bringen ihnen Erfolg. Das beste ist für sie oft, eine dienende Aufgabe zu haben, ein Amt zu bekleiden.

Fehlschläge stellen sich ein, wenn sie ihre Willenskraft rein destruktiv einsetzen, sich praktisch gegen alles auflehnen, endlos diskutieren und streiten und selbst vor Gewalt nicht zurückschrecken, um ihre Ziele zu erreichen.

Negativ an ihnen ist auch, daß sie ihren Eigensinn gern übertreiben. Sie können unzuverlässig, schwach, sorglos und unkonzentriert sein. Für die Zukunft zeigt die Zahl 4 an, daß eine Zeit kommt, in der wir langsamer vorgehen und auf Veränderungen hinarbeiten müssen.

Harmonie mit den Zahlen 2 und 8. Farben: Grautöne. Günstige Tage: Sonnabend, Sonntag, Montag.

Die Zahl 5

Herrscht die Fünf im Zahlenfeld vor, finden wir Schnelligkeit im Denken und Handeln, Freiheitsliebe, Freude an der Abwechslung. Diese Menschen sind wahrhaft merkurisch, denken fortschrittlich und ertragen es nicht, an routinemäßige oder monotone Arbeit gefesselt zu sein.

Sie blühen auf, wenn die Dinge in Bewegung sind, an Orten, wo sich etwas tut. Gewöhnlich wählen sie einen Beruf, der mit Reisen, Handel, Kunst, Abenteuer, Spekulation und Gedankenaustausch zu tun hat.

Der Merkur regiert die Zahl 5, und so haben die von ihr geprägten Menschen eine schnelle Auffassungsgabe und müssen ihre schöpferische Kraft konstruktiv einsetzen, wenn sie glücklich und erfolgreich sein wollen. Gedankenaustausch ist ihnen sehr wichtig, und genau hier können sie in Schwierigkeiten geraten, wenn sie ihre Geistesgaben destruktiv einsetzen, bis sie daran krank werden und andere unglücklich machen.

Zu ihrer dunklen Seite gehört, daß sie destruktiv und pessimistisch sein können, oder einfach unzuverlässig, falsch, betrügerisch und zur Hochstapelei neigend. Dabei vertrauen sie auf ihre Schlagfertigkeit und Wortgewandtheit, mit deren Hilfe sie andere täuschen und hintergehen. Wenn sie negativ eingestellt sind, vermeiden sie alle Verantwortung, wollen nie den Kopf hinhalten müssen.

Die Zahl 5 ist auch die Zahl der sexuellen Anziehung und Ausstrahlung. Die Menschen mit dieser Zahl werden gewöhnlich stark vom anderen Geschlecht angezogen.

Für die Zukunft bedeutet die Zahl, daß wir uns in Bewegung setzen müssen, daß wir uns verändern, auf Gedankenaustausch einlassen müssen, daß wir unsere Talente einsetzen und die Gelegenheit am Schopf ergreifen sollten.

Harmonie mit allen Gruppen, besonders mit Menschen der eigenen Gruppe. Farben: alle hellen, glänzenden Töne. Günstiger Tag: Mittwoch.

Die Zahl 6

Die Sechs ist die Zahl der romantischen Idealisten. Menschen mit der Zahl 6 sind einfühlsam, anziehend und liebevoll. Die Menschen, in deren Zahlenfeld die Sechs vorherrscht, streben nach Liebe, nach einem eigenen Heim und Herd.

Sie haben ein starkes Verlangen nach Harmonie und Schönheit in ihrer Umgebung, ob es sich nun um ihr Haus, eine Gemeinschaft oder Gruppe handelt. In ihren Ansichten und Vorstellungen sind sie im Grund konservativ.

Aufgrund ihrer Ideale sind sie stets bemüht, alles zu verbessern, was sie in die Hand nehmen, und sie sind der Schönheit, Farbe und Kunst zugetan.

Wenn diese Zahl ein starkes Gewicht hat, sind die Menschen im wesentlichen praktisch orientiert und können Verantwortung übernehmen, ob nun zu Hause oder im größeren Rahmen einer Gemeinschaft oder Organisation.

Glück bedeutet für die Zahl 6 vor allem Gemeinsamkeit und Harmonie in Beziehungen, und daher ist es diesen Menschen wichtig, die richtigen Beziehungen aufzubauen. Die Zahl wird vom Planeten Venus regiert, und so finden wir hier ebenfalls künstlerische Begabungen, die sich in der häuslichen Umgebung oder in der Kleidung zeigen können, wenn sonst nicht schöpferisch gearbeitet wird.

Erfolg stellt sich ein, wenn die Menschen mit der Zahl 6 den diplomatischen Ausgleich suchen und mit den schwierigen Charakteren umzugehen wissen, auf die sie in ihrer engeren Umgebung sicher treffen werden. Sie sind auch erfolgreich, wenn sie sich in den Dienst anderer stellen.

Zu Fehlschlägen kommt es, wenn sie auf ihren Idealen beharren, die geliebten Menschen zu eng und ausschließlich an sich binden, zu sehr an Freunden und am Besitz festhalten. Eifersucht kann auftreten, dazu Einmischung in die Angelegenheiten anderer Menschen. Sie neigen dazu, sich ständig zu beklagen, was zu Streitereien führt.

Für die Zukunft zeigt die Zahl an, daß die Dinge zu Hause oder auch zwischen den Partnern geklärt werden müssen, da die Sechs sowohl über die Ehe wie die Scheidung herrscht. «Nichts verzögern», heißt die Botschaft.

Harmonie mit den Zahlen 6, 3 und 9. Farben: Blau und Rosa. Günstiger Tag: Freitag.

Die Zahl 7

Während die Menschen mit der Zahl 6 im Grunde extravertiert sind und Gesellschaft brauchen, sind solche mit der Zahl 7 die Denker, Mystiker und Philosophen dieser Welt. Verständlicherweise macht diese Zahlenschwingung still, verschwiegen, wählerisch, einsam und zurückhaltend. Diese Menschen sind große Individualisten, erfühlen viel, sagen aber wenig.

Die Zahl 7 wird vom Neptun regiert, vom Planeten der Eingebung wie der Illusion, der Höhen und Tiefen. Wenn der Einfluß der Sieben stark ist, sind die Menschen ausgesprochen schöpferisch und künstlerisch, wenn sie ihre Begabungen positiv einsetzen.

Sie sind fähig, hinter die Dinge zu schauen, eine geistige Ebene zu erreichen, und so finden sie sich nicht leicht in das Gerenne und Gejage der modernen Welt.

Wenn die Menschen mit der Zahl 7 erfolgreich sein wollen, müssen sie den Frieden und die Stille pflegen, um

Zwiesprache mit dem inneren Selbst zu halten. Im Kindesalter wie als Erwachsene kann es ihnen geschehen, daß sie Opfer bringen müssen, denn die Sieben ist die Zahl der seelischen Entwicklung.

Als wir von den Höhen und Tiefen sprachen, waren einerseits die geistigen oder spirituellen Einsichten gemeint, auf die die Zahl hindeutet, andrerseits die Illusionen, die dazu verleiten, alles durch eine rosa Brille zu sehen.

Diese verträumte, schwärmerische Seite der Sieben läßt den Wunsch nach Realitätsflucht entstehen, weil das Ich und die Probleme nicht so gesehen werden wollen, wie sie wirklich sind. Das kann zum Mißbrauch von Alkohol und Drogen führen, zu Promiskuität (häufiger Partnerwechsel) und Krankheit.

Wenn diese Menschen den höchsten Anlagen ihres Wesens gerecht werden, können sie sich zu Mystikern oder Künstlern aller Richtungen entfalten. Der Erfolg kommt, wenn sie sich an die Wahrheiten halten, die sie aus den Tiefen ihres Inneren ans Licht bringen.

Steht die Zukunft unter dem Einfluß dieser Zahl, kann das Leben schwierig werden, weil der Nebel der Selbsttäuschung über allem liegt. Es kommen keine dauerhaften Beziehungen zustande, und es sollten keine Verträge abgeschlossen werden. Es wird dringend nötig, sich selbst zu prüfen und der Wahrheit ins Auge zu sehen.

Harmonie mit den Zahlen 1, 2 und 4. Farben: Pastelltöne, Weiß und helle Grautöne. Günstige Tage: Sonntag, Montag.

Die Zahl 8

Menschen, die stark unter dem Einfluß dieser Zahl stehen, sind Realisten, können gut organisieren, sind tatkräftig, ehrgeizig und tüchtig. Ihre Schwingung ist die der Erde und der materiellen Macht, und so werden sie vom Big Business und den entsprechenden Organisationen angezogen.

Diese Menschen haben einen guten Blick für den Wert der Dinge. Sie sind kritisch und autoritär. Sie arbeiten hart, um ihre Ziele zu erreichen.

Die Menschen, die nur für die materielle Macht arbeiten, haben vielleicht keinen Erfolg. Sie müssen daher Ideale und selbstloses Tun für andere in ihr Denken einbeziehen. Sie werden dann besser mit Hindernissen und Enttäuschungen fertig, kommen auf dem Weg zur Erreichung ihrer Ziele besser voran.

Zu Fehlern kommt es, wenn die Menschen mit der Schwingung der Zahl 8 sich selbst und andere zu sehr vorwärtstreiben und die geistigen Aspekte des Lebens übersehen. Erfolg haben sie, wenn sie die Gerechtigkeit mit einer versöhnlichen, ausgleichenden Haltung verbinden können und die seelische und geistige Welt nicht außer Acht lassen.

Die Zahl 8 wird oft im Zusammenhang mit der Ehe gesehen, da die Menschen unter ihrem Einfluß von anderen stärker abhängig sind, als ihnen lieb ist. Sie brauchen Liebe und Zuneigung, haben jedoch Schwierigkeiten, ihre Gefühle auszudrücken.

Die Ehe hat hier oft etwas mit Sicherheit und Geld zu tun. Die Zahl 8 wird vom Planeten Saturn regiert, und die Menschen mit dieser Zahl müssen hart arbeiten, um ihr Ziel zu erreichen, müssen weiter arbeiten, um das Erreichte zu halten.

Beruflichen Erfolg haben sie in der Welt der materiellen Werte und der Macht.

Im Zusammenhang mit der Zukunft bedeutet die Zahl 8,

daß es nicht an der Zeit ist, sich auszuruhen. Wir müssen weiter, die Arbeit anpacken und Verantwortung übernehmen. Die Ehe ist eine ernste Sache, bei der es um finanzielle Sicherheit geht.

Harmonie mit den Zahlen 2, 4, 11, 22. Farben: alle dunklen Töne von Braun bis Schwarz. Günstiger Tag: Sonnabend.

Die Zahl 9

Mit der Neun schließt sich der Kreis der Zahlen. Menschen, bei denen die Zahl 9 vorherrscht, haben Energie und Schwung, sind optimistisch und freigiebig, zeigen viel Mitgefühl. Es geht hier um die Schwingung der Energie, die umfassend dienen und lieben will.

Diese Menschen sind nie kleinlich oder engstirnig, sind in ihren Anschauungen tolerant und suchen viele Kontakte. Sie haben eine starke Intuition, sind schöpferisch. Die wahre Erfüllung finden sie, wenn sie anderen helfen, Toleranz üben und die Fähigkeit entwickeln, sich immer fair zu geben. Sie sind Führer und haben die Energie, den Mut und Optimismus, selbst verfahrene Situationen noch zu einem guten Ende zu bringen.

Sie haben Erfolg, wenn sie ihre Energie dort einsetzen, wo sie sich in breitem Umfang nützlich machen können. Sie gehen beruflich oft ins Ausland und knüpfen auf Reisen viele Verbindungen. Glück und Erfüllung finden sie auf Gebieten, wo ihr Schwung, ihre Phantasie und Abenteuerlust nicht eingeengt werden und wo ihr Bedürfnis zu helfen befriedigt wird.

Zu Fehlschlägen kommt es, wenn sie in ihrem Denken und Verhalten Egoismus und Engstirnigkeit aufkommen lassen. Sie werden entdecken, daß das Leben in dieser Hinsicht Prüfungen für sie bereithält. Zur Zahl 9 gehört der Planet Mars, der für einen starken Charakter, für Unabhängigkeitsstreben und Selbstsicherheit steht.

Wenn diese Zahl in Verbindung mit der Zukunft auftaucht, sollte nichts Neues begonnen werden, da die Neun als Ende eines Kreislaufs anzeigt, daß noch nicht erledigte Dinge zu Ende zu bringen sind, um auf zukünftige Unternehmungen vorbereitet zu sein. Im Hinblick auf Beziehungen bedeutet sie einen Abschluß.

Harmonie mit den Zahlen 3 und 6. Farben: alle Töne von Rosa bis Rot. Günstiger Tag: Dienstag.

Die Zahl 11

Sie gilt als Hauptschwingung, und die Menschen, bei denen diese Zahl vorherrscht, entwickeln geistigen Scharfblick, sind idealistisch und visionär veranlagt. Sie sind ihrer Zeit voraus, werden von den anderen kaum akzeptiert und finden nur wenig Verständnis.

Sie sind auf höhere Kräfte eingestimmt. Ihr Verstand ist erfinderisch, fortschrittlich, intuitiv. Sie sind Forscher und Sucher nach der Wahrheit, also unkonventionell und ungewöhnlich in ihren Ansichten. Sie folgen ihrem eigenen Gesetz, müssen ihren eigenen Weg durchs Leben finden.

Der Erfolg im Leben kommt, wenn diese Menschen Wahrheiten über sich selbst, die anderen und das Leben ans Licht bringen, die der gesamten Menschheit nutzen. Sie sind oft allein, weil es nur wenige gibt, die diesem inneren Weg mit Hingabe folgen. Diese Zahl wird dem Planeten Uranus zugerechnet.

Im Bereich dieser Schwingung kommt es leicht zu Fehlschlägen, da es sich bei ihr um eine Hauptschwingung handelt, die für viele zu stark ist und sie zu Eigenbrötlern und

Spinnern werden läßt, die rasch auf Scharlatane oder Angebote hereinfallen, die das Himmelreich auf Erden versprechen.

Menschen mit der Zahl 11 sollten sich an ihre großen Möglichkeiten erinnern, ihre Intuition einsetzen und den anderen all das Wertvolle beibringen, das sie selbst erprobt haben.

Wenn die Elf die Zukunft beeinflußt, ist es Zeit, zu lehren und zu lernen, Ideen zu äußern, ganz gleich, wie fortschrittlich oder radikal sie sein mögen.

Harmonie mit den Zahlen 2, 4, 8 und 22. Farben: alle metallisch glänzenden Töne. Günstige Tage: Sonntag und Montag.

Die Zahl 22

Bei ihr handelt es sich um die zweite Hauptschwingung. Wie die Zahl 11 eine *höhere Oktave* der Zwei und des Mondes ist, stellt die Zahl 22 eine höhere Oktave der Vier dar.

Die Menschen, in deren Zahlenfeld die 22 vorherrscht, sind Idealisten und haben enorme Möglichkeiten, ihre Ideale zu verwirklichen. Sie sind Idealisten par excellence, haben aber auch die Fähigkeit, ihre Ideale in die Tat umzusetzen, da sie ein Projekt als Ganzes überblicken können.

Zu Fehlschlägen und Schwierigkeiten kommt es bei dieser Zahl, wenn sich die betreffenden Menschen mit Nebensächlichkeiten belasten oder sich von anderen, die nicht so weit blicken können, einengen lassen.

Diese Menschen haben oft Angst, etwas einzureißen, was sie oder andere aufgebaut haben, weil das wie ein Scheitern aussehen könnte. Sie sollten Mut schöpfen, weil bei dieser Zahl der Hauptakzent auf dem Aufbauen, schöpferischen Handeln, meisterhaften Planen und der visionären Kraft liegt. Als Hinweis auf die Zukunft bedeutet die Zahl: Ja, nur weiter vorwärts, laß dich von anderen nicht abhalten; kann sein, daß du erst etwas zerstören mußt, bevor du an den Aufbau gehst. Hab keine Angst, du wirst erfolgreich sein.

Harmonie mit den Zahlen 2, 11 und 8. Farben: Gelb- und Goldtöne, auch Stahlblau. Günstiger Tag: Montag.

2

Worte und Zahlen

Wir zeigen jetzt, wie die Zahlen mit der Sprache verknüpft werden. Dabei werden die Ziffern von 1 bis 9 in eine Reihe geschrieben und die Buchstaben des Alphabets unter ihnen angeordnet.

1	2	3	4	5	6	7	8	9
A	B	C	D	E	F	G	H	I
J	K	L	M	N	O	P	Q	R
S	T	U	V	W	X	Y	Z	

Im Deutschen werden die Umlaute wie AE, OE und UE gerechnet.

Die Deutung des Namens

Wenn wir einen Namen untersuchen, führen wir drei Arbeitsgänge aus, die drei verschiedene Zahlen ergeben, welche jede für sich eine Bedeutung für Sie hat.

1. Ihre Zahl des Zieles oder des inneren Antriebs wird von einigen Numerologen auch die Zahl der Idealität genannt. Wir finden sie, indem wir die Vokale Ihres Namens addieren. Wenn sich im Namen kein Vokal findet, wird das Y als Vokal gerechnet.

2. Ihre Zahl der Persönlichkeit. Sie steht für das äußere Ich und wird gelegentlich die Zahl des Eindrucks oder der Erscheinung genannt. (Die Zahl des Eindrucks, den Sie auf andere machen.) Sie kommt durch die Addition der Konsonanten in Ihrem Namen zustande.

3. Ihre Zahl des Ausdrucks. Sie gibt uns Aufschluß über die Fähigkeiten oder Anlagen, die Sie von Geburt an haben.

Nehmen Sie immer den Namen, den Sie bei der Geburt erhielten, auch wenn Sie später adoptiert wurden. Er ist Ihre wahre Schwingung. Andere Namen fügen ihr weitere Schwingungen hinzu, aber Ihr Lebenslauf gestaltet sich nach Ihrem ursprünglichen Namen und keinem anderen. Sie sind dieser Name. Ob Sie es glauben oder nicht, Ihre Eltern hatten die Eingebung, Ihnen den richtigen Namen zu geben.

Wir nehmen uns jetzt einen Namen vor und analysieren ihn, zerlegen ihn in seine Bestandteile. Wichtig ist, daß alle Zahlen auf einen einstelligen Wert zurückgeführt werden, indem wir ihre Quersumme bilden.

Summe der Vokale
3 = Zahl des Zieles oder inneren Antriebs
= 6 + 6 = 12 = 1 + 2 = 3
Vokale

	= 6					= 6			
	5 + 1				1	+	5		
J	E	A	N	H	A	R	V	E	Y
1	+		5	8	+	9 + 4		+	7
	= 6					= 28			

Konsonanten
= 2 + 8 = 10 = 1 =
6 + 1 = 7
7 = Zahl des Eindrucks
Summe der Konsonanten

Wenn wir die Vokale und Konsonanten zusammenzählen, nachdem wir ihre Zahlen einstellig gemacht haben, ergeben sie eine Zahl des Ausdrucks, hier die 1. Das heißt, 3 Ziel + 7 Eindruck = 10 = 1. Wenn wir zusammenfassen, hat Jean Harvey:

3 für ihr Ziel, den inneren Antrieb,
7 für die Zahl des Eindrucks oder der Erscheinung,
1 für ihren Ausdruck, für ihre Einstellung und Fähigkeiten.

Das zeigt uns, daß Jean Harvey im Grunde ihres Herzens eine gesellige, talentierte Person ist, die gern Spaß hat. Sie mag Menschen um sich, hat gern ein Heim, eine Familie, Kinder und Freunde. Sie kann malen, schreiben oder drückt sich auf eine andere Weise schöpferisch aus (die 3 für ihr Ziel).

Andere Menschen haben von ihr allerdings den ersten Eindruck, daß sie eher ein zurückhaltender, kühler und reservierter Mensch ist. Sie gehört zu dem Typ Mensch, der erst einmal abwartet, wie ihm jemand bei der ersten Begegnung gefällt. Wenn sie das Gefühl hat, daß es Gemeinsamkeiten gibt, wird sie offener werden, und wenn sie sich sicher fühlt, erkennen wir, daß sie ein interessanter Mensch ist. (Die Zahl 7 für den Eindruck.)

Mit der Zahl 1 für den Ausdruck bemüht sie sich mit aller Kraft, im Leben das zu erreichen, was sie sich wünscht, und konzentriert sich darauf, alles gut zu machen, was sie in die Hände nimmt.

In ihrem engeren Bereich wird sie die anderen gern führen und dazu neigen, die Dinge auf ihre Weise originell und selbständig zu erledigen. Ihr Wunsch, daß die anderen sie mögen (die Zahl 3 für das Ziel), und ihre Einfühlungsgabe sorgen allerdings glücklicherweise dafür, daß sie ihrem Hang nicht zu sehr nachgibt, den Boss zu spielen und egoistisch zu sein. Auf jeden Fall übertreibt sie es damit nicht.

Wir müssen uns jedoch daran erinnern, daß jede Zahl auch negativ eingesetzt werden kann, daß jemand eher die unangenehmen Seiten einer Zahl zeigt und nicht so sehr ihre konstruktive Schwingung.

		Summe der Vokale:	
10 = 1	14 = 5	1 + 9 = 10 = 1	= 6
		5 + 9 = 14 = 5	
1 + 9	5 + 9	6 = Zahl des Zieles	
D A V I D	W E I R		
4 + 4 + 4	5 + 9	*Summe der Konsonanten:*	
12 = 3	14 = 5	4 + 4 + 4 = 12 = 3	= 8
		5 + 9 = 14 = 5	
		8 = Zahl des Eindrucks	

David Weir hat so die Zahl 6 als Zahl des Zieles und die 8 als Zahl des Eindrucks, die aus der Summe der Konsonanten entsteht. Zählen wir die beiden zusammen, ergibt sich 6 + 8 = 14 = 5 als Zahl des Ausdrucks.

Dem entnehmen wir, daß David Weir sein Zuhause liebt und gewissenhaft sowie diplomatisch ist. Er möchte den anderen helfen und wünscht sich zugleich Unterstützung, Zuneigung, ein Heim und eine Familie, dazu eine angemessene Vergütung seiner Arbeit. (Die Zahl 6 als Zahl des Zieles.)

Seine sichtbare Persönlichkeit wirkt stark und flößt anderen Vertrauen ein. Er kleidet sich gern gut und genießt das Zusammensein mit Menschen, die sich einen Namen gemacht haben.

Wenn wir die beiden Schwingungen zusammenzählen, die Werkzeuge, mit denen er arbeitet, erhalten wir als Summe die 5, und das deutet darauf hin, daß er sowohl körperlich wie geistig regsam und behende ist. Er ist nicht gern angebunden; die Fünf liebt die Abwechslung und Veränderung. Seine Zahl des Zieles macht ihn geneigt, für andere in partnerschaftlichen Verhältnissen zu arbeiten, als Arzt oder Therapeut zum Beispiel, wo seine Vielseitigkeit, seine angenehme, vertrauenerweckende Haltung von Nutzen wäre.

Wir müssen daran denken, daß der innere Antrieb ein großes Gewicht hat. Er zeigt, was die Menschen wirklich machen wollen, ist die verborgene Quelle ihrer Handlungen.

Die Zahl 6 zeigt einen inneren Antrieb, der sich Liebe, ein Heim und eine Familie wünscht, der anderen helfen und Verantwortung übernehmen möchte, während die 5 als Zahl des Zieles frei und fortschrittlich sein will, um ihre schöpferischen Gaben zu nutzen.

Ein Mann mit der Zahl 5 wird nicht den gewöhnlichen Ehegatten und Vater abgeben. Ihm gefallen zwar junge Menschen und Liebesabenteuer, aber in der Ehe müssen gemeinsame geistige Interessen vorhanden sein, so wie die Zahl 6 als Zahl des Zieles gemeinsame künstlerische und kulturelle Interessen schätzt.

Die Summe aus Konsonanten und Vokalen gibt an, was die Einzelnen am besten können, dazu die allgemeine geistige Einstellung.

Menschen mit der 1 für den Ausdruck zum Beispiel kommen nicht gut voran, wenn sie in untergeordneter Stellung arbeiten müssen, in einem eintönigen Beruf, in dem sie keine Möglichkeit haben, ihre schöpferischen und originellen Ideen, ihre Fähigkeit, konzentriert und hart zu arbeiten, einsetzen können. Sie sind am besten ihr eigener Herr.

Die Häufigkeit, mit der Zahlen in einem Namen vertreten sind, oder ihr Fehlen sind von großer Wichtigkeit, denn wie wir wissen, gehört zu jedem Buchstaben eine Zahl, und jede Zahl hat ihre besonderen Eigenschaften.

Wenn wir sie in einer Tabelle anordnen, zeigen sie uns, was zum Wesen der betreffenden Menschen gehört, und was ihnen fehlt. Es handelt sich dabei um unbewußte Faktoren, und wenn wir in Begriffen wie Karma und Reinkarnation denken, zeigen uns die fehlenden Zahlen die Schwächen, die in diesem Leben ausgeglichen werden können. Außerdem sehen wir, wo natürliche Gaben sind, die aus früheren Leben stammen.

Es ist anscheinend nur zu wahr, daß uns das Leben genau dort auf die Probe stellt, wo wir Schwächen haben.

Wir können DAVID WEIR als Beispiel nehmen und seine Charakterzüge näher bestimmen:

D	A	V	I	D	W	E	I	R
4	1	4	9	4	5	5	9	9

1 × 1
0 × 2
0 × 3
3 × 4
2 × 5
0 × 6
0 × 7
0 × 8
3 × 9

Wir erkennen, daß bei David Weir die 4 und die 9 vorherrschen, wobei die 4 für den praktischen, geschickten Arbeiter oder Techniker steht, während die 9 die humanitäre Einstellung und den Dienst im weitesten Sinn bezeichnet. Bei beiden Zahlen geht es um den Dienst im allgemeinen, wobei die 4 von günstigem Einfluß auf die Gesundheit ist.

Bei David Weir fehlen eine ganze Reihe von Zahlen, aber das wird vielleicht durch die Hauptzahlen ausgeglichen. Die 5 ist ja immerhin seine Zahl des Ausdrucks, und die 6 seine Zahl des Zieles.

Das gilt allerdings nicht für die 2, 3 und 7. Wir können also annehmen, daß die Umstände, die diese Zahlen symbolisieren, in seinem Leben zutage treten, und das Fehlen der anderen Zahlen wird sich, wenn auch schwächer, ebenfalls bemerkbar machen. Sie stellen sozusagen seine Stolpersteine dar.

Seine natürlichen Gaben:

4 Ein Mensch, der gute Arbeit leistet, wenn es um Details geht, um ein routinemäßiges, systematisches Vorgehen. Er baut auf, geht praktisch vor, hat ein gutes Urteil und kann sich konzentrieren.

9 Er kann sich gut einfühlen, hat Mitgefühl, ist freundlich, verständnisvoll und großzügig. Er hat literarische oder künstlerische Fähigkeiten, mag weitgespannte Kontakte und reist gern.

Fehlende Zahlen:

2 Er neigt dazu, die Zusammenarbeit zu vergessen, nimmt manchmal nicht genügend Rücksicht auf andere Menschen.

3 Er neigt zu Ungeduld, verzettelt seine Kräfte und hat vielleicht einen Minderwertigkeitskomplex.

6 Irgendwann in seinem Leben wird die Frage der Verantwortung auftauchen, vor allem im Bereich seines Zuhause, und es kann zu Schwierigkeiten kommen.

7 Er ist kein Mensch, der analysiert. Ihm fehlen die Vorsicht, die Neigung, hinter die Dinge schauen zu wollen. Kann sein, daß er so glücklicher ist.

8 Das wird in seinem Fall durch die stark vertretene 4 ausgeglichen, die ihm den Eifer und die praktische Veranlagung gibt, die auch die Zahl 8 verleiht. Er wird nicht zu angespannt, zu ehrgeizig sein oder sich zu viele Sorgen um das Geld machen.

Die Zahlen haben stets dieselbe Bedeutung. Ihre Auslegung ändert sich je nachdem, wo sie im Namen zu finden sind.

Eine knappe Zusammenstellung gibt an, was es bedeutet, wenn in einem Namen Zahlen häufig auftreten oder nur wenig vertreten sind. Sie sind als Hilfe gedacht, die eigenen Charakterzüge herauszufinden. Die Bedeutungen der Zahlen, die im ersten Kapitel angegeben sind, können hier miteinbezogen werden.

Gaben

Viele dieser Zahlen verleihen:

1 Führungsqualitäten, bahnbrechende Fähigkeiten, Originalität, Selbständigkeit, Schwung.

2 Diplomatisches Geschick, Gefühl für Zusammenarbeit, Einfühlungsgabe, Launen, Unentschlossenheit, Rücksichtnahme.

3 Geselligkeit, Ausdruck der eigenen Persönlichkeit, Optimismus, Phantasie, Fähigkeiten, was Reden und Schreiben betrifft.

4 Praktische Begabung, Eifer, Arbeit, wirtschaftliches Denken, Einschränkung, Gesundheit, Neigung zum Eigensinn.

5 Freiheit, Vielseitigkeit, Anpassungsfähigkeit, Veränderung, wird vom anderen Geschlecht angezogen, Wendigkeit, Reizbarkeit.

6 Liebe, Ideale, Häuslichkeit, Dienst, Protektion, Ehe, Anpassung, Ausgeglichenheit, künstlerische Fähigkeiten.

7 Analytische Kraft, Selbstbeobachtung, Verschwiegenheit, Vertrauen, Weisheit, Frieden, innere Ruhe.

8 Eignung als Leiter, gute Urteilskraft, materielle Macht, Erfolg, Ehrgeiz.

9 Allumfassende Liebe, Zusammengehörigkeitsgefühl, Mitgefühl, Dienst, Verständnis, literarische und künstlerische Fähigkeiten.

Fehler

Nur wenige oder fehlende Zahlen bedeuten:

1 Mangelnder Ehrgeiz, das Fehlen von Selbständigkeit, Originalität. Denkt zu viel an sich, faul.

2 Mangelnde Zusammenarbeit oder Rücksicht auf andere. Wenig Sinn für Harmonie, Rhythmus. Takt und diplomatisches Geschick fehlen.

3 Ungeduld, Schwierigkeiten beim Ausdruck der eigenen Persönlichkeit. Wenig Phantasie, aufbrausendes Wesen, macht zu viele Dinge gleichzeitig. Möglicherweise Minderwertigkeitskomplex.

4 Abneigung gegen Arbeit, vor allem am Detail, Mangel an Konzentration, eine Neigung zur Ungeduld.

5 Angst vor Veränderung, oder Abneigung gegen sie, wenig Wißbegierde, hängt an vertrauten Situationen und Dingen.

6 Keine Ideale, Pflichtvergessenheit, übernimmt ungern Verantwortung.

7 Geht den Dingen nicht auf den Grund, keine Selbstbeobachtung, achtet nicht auf Eingebungen, auf die Intuition.

8 Mangelnde Urteilskraft, kein Gefühl für Geld, kann sich zu viele Sorgen über das Geld machen oder völlig sorglos sein.

9 Engstirnige Ansichten, wenig Mitgefühl, Verständnis, kaum Interesse an anderen oder für das Wohl der Menschheit.

3

Das Gesamtbild des Schicksals

Wir haben bis jetzt den Namen analysiert und die Charakterzüge und Eigenschaften aufgeführt, die mit den Zahlen verknüpft sind.

Wir müssen nun einen Schritt weitergehen und auch das Geburtsdatum interpretieren, denn ihm läßt sich entnehmen, welche Aufgabe wir zu erfüllen haben, was der Sinn unseres Lebens ist und auf welchem Weg wir unsere Ziele erreichen.

Den Schicksalsweg finden wir, wenn wir Tag, Monat und Jahr der Geburt zusammenzählen und das Ergebnis in eine einstellige Zahl umwandeln, es sei denn, es handelt sich um die Hauptzahlen 11 und 22, die nicht vereinfacht werden.

Nehmen wir jetzt jemanden, der am 6. Oktober 1947 geboren ist.

Tag 6	Monat 10	Jahr 1947	
= 6	= 1	= 3	= 10 = 1

Der Schicksals- oder Geburtsweg dieses Menschen ist die Eins. Die 1 ist die Zahl des Bahnbrechers, des Pioniers, des Individualisten. Dieser Mensch wird immer wieder in Situationen kommen, in denen er auf sich selbst gestellt ist, eigene Entscheidungen treffen muß. Er darf nicht zulassen, daß andere sich in seine Entscheidungen einmischen.

Sehen wir uns jetzt den Geburtstag 4. März 1930 an.

Tag 4	Monat 3	Jahr 1930	
= 4	= 3	= 4	= 11

Hier handelt es sich um eine Hauptschwingung, einen *Oberton.* Wenn sie als Schicksalseinfluß auftaucht, können wir sie in die einfache 2 umrechnen, es sei denn, die betreffenden Menschen wollen sich den Möglichkeiten der 11 stellen. Der Akzent liegt hier auf Intuition, Lehren und Idealismus. Menschen, die mit dieser Zahl geboren sind, interessieren sich für alles Ungewöhnliche. Sie sind auf der Suche nach der Wahrheit, wollen die Dinge erforschen. Sie haben radikale Ansichten, müssen ihre Ideale verwirklichen und sind daher oft einsam, wenn sie nicht den negativen Weg einschlagen und Exzentriker werden.

Ihr Schicksalsweg ist Ihre Herausforderung – sehen und erkennen Sie Ihren eigenen.

Der Schicksalsweg der 1

Der Pionier

Hier handelt es sich um die Zahl des Menschen, der Neuland betritt, und so müssen Sie Ihrem ureigenen Weg folgen, der Sie selbständig macht. Sie müssen das Ruder in die Hand nehmen und Ihre eigenen Entscheidungen treffen. Sie haben ein waches Auge, können sich gut konzentrieren und kommen voran. Wenn Sie Ihre schöpferischen Ideen einsetzen, überwinden Sie jedes Hindernis auf dem Weg zum Erfolg.

Die Eins ist eine Geburtstagszahl, die Erfolg und ein interessantes, dynamisches Leben verheißt.

Wichtig ist, keinen negativen Weg einzuschlagen. Seien Sie also nicht faul oder unentschlossen, zu dominierend oder zu egoistisch.

Der Schicksalsweg der 2

Zusammenarbeit

Ihr Leben bringt Sie in Situationen, die Takt und diplomatisches Geschick erfordern. Sie können ohne andere Menschen nicht leben. Wenn Sie ihnen helfen und mit ihnen zusammenarbeiten, wird alles zu Ihnen kommen, was Sie brauchen.

Ihr angeborenes Verständnis, Ihre Rücksichtnahme auf andere wird sich immer bezahlt machen. Das Räderwerk des Lebens muß geölt werden, und Ihre Geduld und Freundlichkeit sind dieses «Öl».

Erweitern Sie Ihre Kenntnisse und seien Sie bereit, sich mit Details abzugeben. Sie erweisen den anderen damit einen Dienst. Halten Sie sich an die erprobten Wege und gehen Sie bei Veränderungen behutsam vor. Ihr Erfolg ist mit dem der anderen Menschen verknüpft, zu Hause, in der Gruppe, in der Öffentlichkeit.

Meiden Sie den negativen Weg der Gefühlsabhängigkeit, der Launen. Beteiligen Sie sich nicht am Klatsch und mißbrauchen Sie nicht das Vertrauen der anderen.

Der Schicksalsweg der 3

Individueller Ausdruck der Persönlichkeit

Das Leben gibt Ihnen Gelegenheit, die eigene Persönlichkeit auszudrücken, und Sie sollten das nutzen, auch wenn Sie nur der Familie, den Freunden und Nachbarn ein ermutigendes, optimistisches Wort gönnen.

Sie müssen schreiben, reden, Ihre Möglichkeiten künstlerisch einsetzen. Sie sollen Freude in die Welt tragen. Pflegen Sie Ihre Freundschaften und muntern Sie die anderen auf.

Wenn Sie Ihre schöpferischen Kräfte entfalten, werden Sie aus der Fülle leben und erfolgreich sein. Sie werden dann in den Genuß von Luxus und schöner Umgebung kommen, nach dem Sie sich von Herzen sehnen.

Geben Sie den negativen Charakterzügen wie Herrschsucht oder Angeberei nicht nach. Seien Sie weder pessimistisch noch kritisch oder zynisch.

Der Schicksalsweg der 4

Praxis und Organisation

Ihr Weg bringt eine Menge harter Arbeit mit sich. Auch wenn die anderen Zahlen darauf hindeuten, daß Sie reich sind, wird Ihr Besitz harte Arbeit von Ihnen verlangen. Sie werden sich viel um Einzelheiten kümmern müssen. Außerdem wird es in Ihrem Leben Zeiten geben, in denen Sie entweder wirtschaftlich eingeschränkt oder von Pflichten und Verantwortung belastet sind. Vielleicht ist es auch die Gesundheit, die Ihnen Beschränkungen auferlegt.

Wenden Sie sich nicht verdrossen ab. Ihr Beitrag ist für das Allgemeinwohl absolut notwendig. Hier handelt es sich um eine Zahl, die wie ein Grundstein ist, und Sie werden sicherlich für die harte Arbeit, den Mut und die Ausdauer entschädigt, die Sie aufwenden mußten. Bei Ihnen geht alles langsam.

Zeigen Sie Verantwortung und Leistungsfähigkeit. Seien Sie bereit, hart zu arbeiten, und der Erfolg wird sich einstellen. Kommen Sie Ihren Verpflichtungen nach. Sie bauen etwas für die Zukunft auf.

Der Schicksalsweg der 5

Erfahrung und Veränderung

Sie werden sich nie in ausgefahrenen Geleisen bewegen. Ihr Weg bringt Freiheit, Veränderung, Vielseitigkeit, Reisen und Anpassung an die Wechselfälle des Lebens. Diese Zahl bringt Ihnen bei, wie Sie mit der Freiheit umgehen müssen.

Wenn Sie meinen, etwas sei zu dauerhaft, werden Sie bald sehen, daß das gar nicht stimmt. Sie sollten Veränderungen nicht einfach nur herbeiführen, weil Sie eine Abwechslung brauchen oder glauben, die Kirschen in Nachbars Garten wären größer.

Lernen Sie Fremdsprachen, achten Sie auf das, was vorgeht, halten Sie Schritt mit der Welt, sehen Sie sich nach neuen Aufgaben um, schlagen Sie neue Wege ein, gehen Sie die Probleme mit Ihrer Erfindungsgabe an. Vertrauen Sie Ihrer Fähigkeit, die Dinge in Gang zu bringen, und achten Sie darauf, daß Sie sich weiterentwickeln. Sie gehören zu den fortschrittlichen Menschen des Zahlenfelds. Seien Sie frei, aber vergessen Sie Ihre Wurzeln nicht.

Sie sind Ihren Weg gegangen, wenn Sie die Veränderungen und ein Leben aus dem Vollen angenommen haben, Ihr Leben dadurch voller Erfahrungen war.

Geben sie Ihrer Launenhaftigkeit nicht nach, seien Sie bereit, Verantwortung zu übernehmen. Gehen Sie nicht zu sorglos mit dem Geld um – auch Sie müssen es sich selbst verdienen.

Der Schicksalsweg der 6

Verantwortung und Dienst

Sie werden zumindest einige der Sorgen der Welt auf sich nehmen, da Sie dazu geboren sind zu trösten, diplomatisch zu sein, unharmonische Zustände zu ändern. Sie müssen lernen, mit Hingabe Dienste zu leisten, vielleicht zu Hause oder in einem größeren Kreis fröhlich und gewandt für die anderen zu sorgen, deren Glück und Wohlergehen von Ihrem Takt, Ihrer Klugheit abhängen.

Ohne Ihr liebevolles Einfühlungsvermögen wäre die Welt um einiges ärmer.

Ganz gleich, wie unabhängig Sie sind, das Schicksal wird Sie immer drängen, Verantwortung zu übernehmen, sich um andere Menschen zu kümmern, ob nun in der Ehe, im Beruf oder im Wirtschaftsleben.

Ihr Erfolg kommt mit der Zuneigung, die andere Ihnen entgegenbringen, mit dem finanziellen Lohn, den Ihre Bemühungen einbringen.

In Schwierigkeiten können Sie geraten, wenn Sie keine Verantwortung tragen wollen, wenn Sie die anderen beherrschen oder besitzen und sie zwingen wollen, so wie Sie zu denken, emotional von Ihnen abhängig zu werden.

Der Schicksalsweg der 7

Geistige Analyse, Weisheit

Sie gehen den Weg des Denkers und Philosophen. Sie sind von Natur aus geneigt, Gedanken und Theorien zu überprüfen. Ihre Aufgabe besteht darin, die Wahrheit hinter der äußeren Erscheinung zu suchen und Einsicht zu erlangen. Sie sind nicht für die Hetze des modernen Lebens geschaffen und sind am besten hinter den Kulissen tätig, gehen lieber allein an Unternehmungen heran. Sie müssen irgendwie lernen, allein zu sein, es manchmal auch zu genießen, weil das wesentlich für Ihr inneres Wachstum ist. Die Lösungen der Probleme des Lebens finden Sie nur in der Stille. Wenn Sie verstehen, daß alle Lösungen aus dem Inneren kommen müssen, werden Sie fähig sein, anderen den Weg zu zeigen.

Alles Geheimnisvolle, Uralte, Unerklärliche zieht Sie an. Erfolgreich sind Sie, wenn Sie lernen, von Ihrer inneren Mitte aus zu handeln. Sie sollten nie blindlings losstürzen. Bewahren Sie sich in Partnerschaften Ihren Gleichmut.

Sie können sich das Leben schwer machen, wenn Sie Angst vor Mißerfolgen und Einsamkeit haben, wenn Sie unvernünftig und launisch sind und nicht den Geheimnissen des Lebens nachspüren wollen, ganz gleich, auf welchem Gebiet.

Ihr Erfolg beruht auf Spezialisierung, auf der Entwicklung Ihrer angeborenen Geschicklichkeit und Weisheit.

Der Schicksalsweg der 8

Geld und wirtschaftliche Macht

Wenn das Ihr Weg ist, tun Sie gut daran, Ihre Aufmerksamkeit den materiellen Werten sowie praktischen finanziellen Vorstellung zuzuwenden. Ihre Kraftzahl steht nämlich für Organisationstalent, Erfolg und materielle Unabhängigkeit. Auf Sie warten Macht und Erfolg, wenn Sie bereit sind, hart zu arbeiten, zu organisieren, Ihre Urteilsfähigkeit auszubilden.

Wenn Sie meinen, Ihr Leben sei kümmerlich, haben Sie irgendwo etwas übersehen und sollten zurückblicken, um die Abzweigung zum richtigen Weg zu entdecken. Auf Sie warten leitende Stellungen, nützliche Arbeiten. Sie müssen Energie und Ehrgeiz konstruktiv zum Wohl der Allgemeinheit einsetzen.

Sie sind sicher erfolgreich, da Sie ausgeglichen, selbstsicher und selbstbeherrscht sind. Diese Eigenschaften setzen Sie am besten im Bereich der Wirtschaft, der Finanzen oder der Politik ein. Wohlstand und wirtschaftliches Gedeihen sind die Schlüsselworte für Ihren Schicksalsweg, und wenn Sie es nicht zu weit treiben und auch andere Werte als die rein materiellen gelten lassen, werden Sie beträchtlichen Erfolg haben.

Der Schicksalsweg der 9

Allumfassende Liebe, Dienst

Um auf diesem Weg glücklich zu sein, müssen Sie tiefes Verständnis für das Leben entwickeln und es in seiner Gesamtheit sehen. Sie müssen alles Kleinliche hinter sich lassen, denn Ihr Weg verlangt Mitgefühl, Verständnis und Dienst im weitesten Sinne.

Sie sollten Ihren Gesichtskreis so weit wie möglich machen und sich an einem humanitären Projekt beteiligen. Menschen mit der Zahl 9 werden manchmal von nationalen oder internationalen Bewegungen angezogen.

Sie werden bemerken, daß es immer Ihnen überlassen bleibt, Unerledigtes zu Ende zu führen, ein Projekt erfolgreich zu Ende zu bringen. Aber das ist Ihre Aufgabe, und dazu verschaffen Sie sich einen weiten Horizont, interessieren Sie sich für das, was in der Welt vorgeht.

Glück und Erfolg stellen sich ein, wenn Sie Ihre Vorurteile vergessen können und die anderen Menschen wirklich so behandeln, wie Sie selbst gern behandelt werden würden.

Bei der Schwingung dieser Zahl geht es weniger um Geld; wenn Sie aber Ihren Idealen gemäß leben, werden Sie, was die benötigten Mittel angeht, unter dem Schutz des Himmels stehen.

Die Hauptzahlen

Wenn die 11 Schicksalszahl ist

Sollten Sie den Wunsch haben, die großen Möglichkeiten dieser Zahl nicht zu verwirklichen, nehmen Sie einfach ihre Quersumme 2 und lesen Ihren Schicksalsweg dort nach.

Wenn Sie aber die Höhen und Tiefen der Zahl 11 erkunden wollen, müssen Sie lernen, Ihren Eingebungen, Ihrer Intuition zu vertrauen und Ihren einfallsreichen, originellen Geist in praktische Bahnen lenken, damit Sie Nutzen aus Ihren Ideen ziehen können.

Ein langweiliges Leben werden Sie gewiß nicht führen. Sie werden allerdings in Ihrem Leben auf alle möglichen Arten von Widerstand stoßen.

Im Lauf des Lebens werden Sie mit der Esoterik und ihren Anhängern in Berührung kommen, und wenn das geschieht, lassen Sie sich am besten von Ihrer Intuition leiten. Das Ungewöhnliche zieht Sie an, mit allen Begleiterscheinungen.

Erfolgreich werden Sie sein, wenn Sie eine philosophische Sicht des Lebens entwickeln und sich stets vom inneren Licht den Weg weisen lassen.

In Sackgassen geraten Sie, wenn Sie sich von der Kraft dieser Hauptzahl verleiten lassen, zum Exzentriker, zum unnützen Träumer zu werden, oder ein kritischer, herrschsüchtiger Mensch zu werden, der sich ständig Sorgen macht.

Wenn die 22 Schicksalszahl ist

Wie bei der ersten Hauptzahl, der 11, können Sie die 22 in die 4 umwandeln und lesen, was dort steht.

Wenn Sie jedoch Ihre Möglichkeiten umfassend verwirklichen wollen, müssen Sie die Bereitschaft zeigen, Ihre Ideale mit Ihren praktischen Kenntnissen zu vereinigen und in ein weitgespanntes, idealistisches Projekt einzubringen. Die Zahl 22 steht häufig in Verbindung mit sozialen Projekten oder spirituellen oder heilkundlichen Einrichtungen, die idealistische, humanitäre Gedanken in die Tat umsetzen.

Sie sind eigentlich dazu geboren, als Idealist konkret etwas aufzubauen, Ihre einfallsreichen und konstruktiven Visionen auf der Erde zu verwirklichen. Ihre Stärke sind neue Bewegungen.

Erfolg haben Sie allerdings nur, wenn Sie Ihre Ideen als Ganzes sehen und zulassen, daß andere Menschen sich um die Einzelheiten kümmern. Sie dürfen sich nicht von anderen ablenken lassen, die sich Sorgen machen, wo und wie alles zu verwirklichen sei. Sie sind der Erbauer, Sie müssen die Wege finden, auf denen die Hindernisse zu umgehen sind.

4

Die Bedeutung Ihrer Geburtstagsschwingungen

Wir sehen uns jetzt die Deutung des Geburtstages an. Sie ist numerologisch betrachtet besonders wichtig, da sie sich auf einen der wesentlichsten Abschnitte des Lebens bezieht, auf die mittlere Lebensperiode. Daher hat der Geburtstag einen beträchtlichen Einfluß auf die Berufswahl; seine Schwingung muß also berücksichtigt werden.

Alle Geburtstage werden in drei Gruppen unterteilt, die *Konsonanzen* heißen. Es gibt die Konsonanzen Wasser, Feuer und Luft.

Zum Wasser oder zur wissenschaftlichen Konsonanz

gehören die Menschen, deren Geburtstage sich in die Zahlen 1, 5 oder 7 umrechnen lassen. Da es sich um ein geistiges Element handelt, brauchen die Menschen mit diesen Zahlen eine gute Ausbildung. Sie schreiben gut, geben gute Ingenieure oder Diagnostiker ab.

Die Wasser-Geburtstage eines jeden Monats sind der 1., 5., 7., 10., 14., 16., 19., 23., 25., 28. Menschen mit der Zahl 1 kommen voran und sind intellektuell, wissenschaftlich und kreativ. Menschen mit der Zahl 5 sind vielseitig, wandelbar und rastlos. Menschen mit der Zahl 7 sind zurückhaltend, vorsichtig und aufmerksam. Sie alle sind intuitiv.

Zum Feuer oder zur Konsonanz der Geschäftswelt

gehören die Geburtstage, die sich in die Zahlen 2, 4, 8, 11 oder 22 umrechnen lassen. Die Menschen mit diesen Zahlen sind auf dem geschäftlichen oder humanitären Sektor am erfolgreichsten.

Allerdings finden wir auch Musiker und Dirigenten mit diesen Zahlen, da sie Zeitgefühl und Präzision verleihen. Diese Konsonanz entspricht dem Gefühl, der Emotion. Die Menschen, die mit diesen Zahlen geboren sind, fühlen tief, sind aber unfähig, ihre Gefühle auszudrücken. Sie werden häufig mißverstanden.

Die Feuer-Geburtstage eines jeden Monats sind der 2., 4., 8., 11., 13., 17., 20., 22., 26., 29., 31. Menschen mit diesen Geburtstagen sind erfolgreich in der Geschäftsleitung tätig, sind gute Bankleute, Händler, Sekretäre, Buchprüfer und Politiker. Sie sind Neuerer, gehören neuen Bewegungen an, vor allem diejenigen mit dem 11. und 22. als Geburtstag.

Zur Luft oder zur künstlerischen Konsonanz

gehören die Geburtstage, die sich in die Zahlen 3, 6 und 9 umrechnen lassen. Sie verleihen künstlerische, literarische, schöpferische Begabung.

Die Menschen mit diesen Zahlen haben beruflich oft mit der Öffentlichkeit zu tun. Es fällt ihnen gewöhnlich nicht schwer, sich schöpferisch auszudrücken.

Die Luft ist ein spirituelles Element, und die ihr zugehörigen Menschen verkörpern Inspiration.

Die Luft-Geburtstage eines jeden Monats sind der 3., 6., 9., 12., 18., 21., 24., 27., 30.

Menschen, die unter dem Einfluß dieser Schwingung stehen, erweisen sich als gute Künstler, Schriftsteller, Ärzte, Rechtsanwälte, Werbefachleute, Schauspieler.

Die Bedeutung der Geburtstagszahl bleibt unberührt von der Monats- oder Jahreszahl.

Sie kann nicht allein gedeutet werden, sondern muß mit der Zahl des Schicksalswegs, den Zahlen des Zieles und Ausdrucks zusammen gesehen werden. Ihr Einfluß hilft Ihnen, Ihren wahren Beruf, Ihre innere Berufung zu finden.

Am 1. geboren

Sie können von Natur aus gut führen, haben einen starken Willen und sind selbständig. Sie gehen gern Ihren eigenen Weg und mögen es nicht, wenn man Sie auf Fehler hinweist.

Es ist schwer, an Ihre Gefühle zu appellieren; Sie haben es andrerseits gern, wenn Menschen zeigen, daß sie Ihnen zugetan sind.

Sie haben einen Hang zum Intellektuellen. Sie haben gern mehrere Eisen im Feuer. Ihre Urteilskraft ist hervorragend, und Sie sind ein guter Organisator.

Hüten Sie sich vor Eifersucht und Herrschsucht.

Sie sind gern der kreative Pionier.

Am 2. geboren

Sie sind von Natur aus diplomatisch und arbeiten am besten zusammen mit anderen Menschen und nicht allein.

Sie lieben Musik, Rhythmus, Tanz und haben ein natürliches Gefühl für Harmonie, schätzen die guten und schönen Dinge des Lebens.

Ob Sie sich gut oder schlecht fühlen, hängt sehr von der Umgebung ab, und Sie müssen darauf achten, gedrückten Stimmungen nicht nachzugeben. Es könnte sich sehr nachteilig auswirken, wenn Sie Ihre Fähigkeiten unterschätzen – seien Sie gerecht, wenn Sie sich selbst beurteilen.

Künstlerische oder kaufmännische Berufe sind für Sie am vorteilhaftesten.

Am 3. geboren

Sie sind sehr begabt und müssen Ihre Persönlichkeit ganz individuell ausdrücken, wenn Sie glücklich bleiben wollen.

Geselligkeit und Freunde sind für Sie das Salz des Lebens, und so sind Sie ein Gewinn für das Gesellschaftsleben. Sie sind gern gesehen.

Sie sind mit scharfem Verstand und viel Phantasie begabt, und so sollten Sie schreiben, Vorträge halten, lehren oder sich journalistisch betätigen.

Sie arbeiten am besten künstlerisch, geistig, kreativ.

Am 4. geboren

Sie sind eine sehr starke, entschlossene und gelegentlich eigensinnige Persönlichkeit. Sie ändern nur ungern Denkweise und Methoden. Sie sind praktisch veranlagt und können hart und systematisch arbeiten. Sie sind treu und gewissenhaft.

Sie neigen dazu, auch unangenehme Wahrheiten auszusprechen und schaffen sich so Feinde.

Sie haben Ihr Gefühlsleben gut unter Kontrolle. Andere Menschen bemerken das oft nicht, und so werden Ihre Gefühle manchmal nicht so stark erwidert, wie Sie es sich wünschen.

Alles, was Sie in die Hand nehmen, bringen Sie auch zum

Abschluß, und so eignen Sie sich für jede Arbeit, die Detailkenntnisse, Disziplin und Ausdauer erfordert. Im Grunde entspricht Ihnen die Geschäftswelt am meisten.

Am 5. geboren

Sie sind vielseitig begabt, körperlich und geistig wendig. Sie können viele Dinge in die Hand nehmen und haben es gar nicht gern, eingeengt zu werden. Routinearbeiten sind nichts für Sie.

Sie gehören zu den Menschen, die vom Leben begeistert sind, und Sie genießen jede Minute. Da Sie von Geburt rastlos sind, werden Reisen in Ihrem Leben eine Rolle spielen.

Ihnen gefällt jede Arbeit, die Sie in Schwung hält, mit Ihrer Begeisterungsfähigkeit können Sie gut verkaufen oder organisieren.

Es wäre keine schlechte Idee, sich jung häuslich niederzulassen, aber Ihr Partner wird es nicht leicht haben, da Sie keinerlei Beschränkung vertragen. Mit Ihrem begeisterten, anziehenden Verhalten müssen Sie lernen, wie Sie dem anderen Geschlecht richtig begegnen, sonst verbrennen Sie sich die Finger.

Sie eignen sich für jedes Gebiet, das mit der Öffentlichkeit zu tun hat, für jede Stellung, in der es bewegt und lebhaft zugeht.

Am 6. geboren

Sie lieben Ihr Zuhause und brauchen Gefährten, Zuneigung und Ermunterung, um Ihr Bestes geben zu können. Bei ungünstigen Lebensbedingungen können Kinder, die mit dieser Zahl geboren sind, beträchtliche Schwierigkeiten bekommen und ihr Selbstvertrauen verlieren.

Sie haben eine angenehme Stimme, die sich vielleicht ausbilden ließe, und interessieren sich für Musik und Kunst.

Sie würden gut in eine Gruppe oder Gemeinschaft passen, da Sie idealistisch denken und die Gegebenheiten verbessern, ganz gleich, in welcher Stellung Sie sind.

Alles, was mit Gesundheit, Schönheit, Musik oder Bühne zu tun hat, wäre für Sie geeignet.

Am 7. geboren

Sie beobachten gern Ihr Inneres und sind ruhig. Sie analysieren gern. Sie suchen die Vollkommenheit, das Beste und sind sehr kritisch. Sie sind nicht leicht zu durchschauen, geben sich aber freundlich, wenn Sie jemanden näher kennen.

Sie werden von der Wissenschaft, vom Okkulten angezogen. Sie sind psychisch und medial veranlagt und sollten auf Ihre Ahnungen und Gefühle achten.

Mit Partnerschaften haben Sie Mühe, da Sie weder anpassungsfähig noch häuslich sind.

Spezialstudien und -arbeiten sind das Beste für Sie.

Am 8. geboren

Der richtige Platz für Sie ist die Geschäftswelt. Von Geburt aus haben Sie ein gutes Urteil und die Fähigkeit, Einfluß auszuüben. Sie treten sicher auf.

Dieser Geburtstag ist gut für alles Finanzielle, doch wenn andere Faktoren Ihres Zahlenfelds nicht mit dieser Zahl harmonieren, werden Sie in Ihrem Leben gelegentlich mit widrigen Umständen rechnen müssen.

Ihnen gefällt die Macht, das Geld und alles Großartige. Das Mittelmäßige interessiert Sie nicht. Sie ziehen folglich gern eine gute Show ab.

Um erfolgreich zu sein, müssen Sie sich einer Organisation anschließen, da sich in einem derartigen Rahmen Ihre Stärken und Fähigkeiten am besten entfalten.

Am 9. geboren

Sie haben den Verstand und die schöpferischen Fähigkeiten, um weitläufigen Tätigkeiten nachzugehen. Die 9 bringt eine Schwingung der *Welt,* und so wird es in Ihrem Leben viele Reisen geben, oder Sie haben anderweitig mit Verkehr und Austausch zu tun.

Sie sind sehr empfänglich für Eindrücke, sind großzügig und unterstützen andere, und so müssen Sie darauf achten, daß Sie den falschen Menschen nicht zu viel geben.

Je weiter Ihr Horizont, desto glücklicher sind Sie. Sie können auf jedem künstlerischen Gebiet, in jedem Beruf Anerkennung erlangen.

Am 10. geboren

Sie sind der geborene Führer. Sie sind selbständig und brauchen keine Unterstützung von anderen Menschen, können eher damit rechnen, daß sich die Leute auf Sie verlassen werden.

Sie sollten keinen Versuch machen, sich gemeinsam mit anderen einspannen zu lassen. Das wird nicht gehen, da Sie individualistisch veranlagt sind und mehrere Dinge gleichzeitig tun können, vorausgesetzt, Sie leiten die Unternehmung.

Pflegen Sie auch Ihre künstlerischen Fähigkeiten.

Am besten ist es, Sie nehmen die Dinge individuell in die Hand. Sie sind entschlossen genug, um auf jedem Gebiet voranzukommen.

Am 11. geboren

Hier handelt es sich um eine der beiden Hauptzahlen, und Sie haben hohe Ideale und große Ambitionen.

Ihr Problem ist, daß Sie oft auf Ihre Vernunft hören, statt der Intuition zu folgen. Damit kommen Sie nicht weiter, weil Sie extrem sensitiv und psychisch veranlagt sind. Sie sollten auf Ihre Eingebungen und Ahnungen achten.

Da diese Hauptzahl hohe Schwingungen mit sich bringt, werden Sie lernen müssen, im Gleichgewicht zu bleiben, auch wenn Ihre Nerven bis zum Zerreißen angespannt sind.

Gesundheit und Glück hängen davon ab, daß Sie Ihr Gefühlsleben ausgleichen und den Mittelweg einschlagen. Setzen Sie nicht nur Ihre überdurchschnittliche Intelligenz ein, sondern geben Sie auch Ihrer Intuition Raum.

Suchen Sie sich für Ihre bedeutenden Fähigkeiten ein ungewöhnliches Betätigungsfeld.

Am 12. geboren

Sie sind ein warmherziger, freundlicher Mensch, der praktisch denkt und künstlerisch oder literarisch begabt ist. Wenn Ihre Umgebung Sie interessiert und Ihr Liebesleben ausgeglichen ist, tragen Sie mit Ihrem Charme viel zur Unterhaltung bei und können in Organisation und Verkauf wahre Wunder wirken.

Wenn Ihnen jedoch Liebe und Freundschaft Unruhe bringen, sind Sie ganz entmutigt und machen alles verkehrt, weil die Liebe für Sie Vorrang hat.

Die Welt der Unterhaltung oder der Literatur stellt Sie am meisten zufrieden.

Am 13. geboren

Sie zeigen sich manchmal zuerst von Ihrer schlechtesten Seite, und die Menschen mißverstehen Sie und halten Sie für hart und autoritär. Es fällt Ihnen einfach schwer, Ihre Gefühle zu zeigen. Da Sie selbst hart arbeiten und ehrgeizig sind, bestimmen Sie gern über andere. Sie vertiefen sich gern in Einzelheiten und werden von wissenschaftlichen, technischen Dingen angezogen. Versuchen Sie, Ihre Gefühle besser auszudrücken, lassen Sie Ihre Phantasie spielen, pflegen Sie, wenn möglich, ein Hobby wie Schnitzen oder Bildhauern.

Am 14. geboren

Sie sind flexibel, haben eine Doppelnatur. Ihr Denken ist zugleich logisch und phantasievoll. Die Kraft Ihres Geburtstags ist so stark, daß Sie sowohl aufbauen wie zerstören können. Mit einem Bein stehen Sie auf der Erde, mit dem anderen im Sternenhimmel, und so können Sie eine Brücke zwischen beiden bauen, wahre Eingebungen empfangen.

Sie schätzen das Neue und Originelle, Veränderung und Abwechslung. Das könnte dazu führen, daß Sie auf vielen Gebieten mit Ihren Experimenten zu weit gehen. Sie brauchen also eine gewisse Ausgeglichenheit, damit sich Ihre Laufbahn höchst erfolgreich gestaltet.

Am 15. geboren

Sie schätzen Zusammenarbeit, geben gern und sind mitfühlend. Sie sind hilfsbereit, und wenn Sie aufgefordert werden, Verantwortung zu übernehmen, weichen Sie nicht aus. Sie dürfen nie in einer Umgebung bleiben, wo Sie sich autoritär behandelt fühlen, denn das wirkt sich auf Gesundheit und Wohlbefinden negativ aus. Sie haben einen Sinn für das

Gute und Schöne im Leben und sehnen sich nach einem harmonischen Zuhause, nach einem freundlichen, gütigen Partner, der Sie sich frei entfalten läßt. Am wohlsten fühlen Sie sich in einem künstlerischen oder freien Beruf.

Am 16. geboren

Hier handelt es sich um eine spirituelle Zahl, die Sie in Berührung mit geistigen Wahrheiten und philosophischem Denken bringt. Das Weltgetriebe sagt Ihnen nicht so zu, auch wenn Ihnen Ihr einsichtsvoller und praktischer Verstand nahelegen könnte, eine kaufmännische Laufbahn einzuschlagen. Der Erfolg stellt sich vielleicht ein, wenn Sie Ihre verborgenen literarischen, künstlerischen oder musikalischen Talente entfalten.

Sie streben bei jeder Arbeit nach Vollkommenheit und wirken leicht gereizt, launisch und niedergeschlagen, wenn Sie Ihren hohen Ansprüchen nicht genügen können. Sie brauchen ein Zuhause, in dem Sie liebevoll Beziehungen pflegen und trotzdem Ihre Selbständigkeit bewahren können.

Am 17. geboren

Ihre Einstellungen und Stimmungen können beträchtlich schwanken. Ihre Familie, Ihre Lieben bedeuten Ihnen viel, und im Privatleben sind Sie einfühlsam und gefühlvoll, auch wenn Sie sich im Geschäftsleben ein wenig autoritär geben mögen.

Was die Finanzen betrifft, handelt es sich um einen günstigen Geburtstag. Es wäre klug, Ihre Entscheidungen selbst zu treffen, und die Einzelheiten anderen zu überlassen. Wenn Sie Ihre Fähigkeiten richtig einsetzen, dürfte es Ihnen eigentlich nicht an Geld fehlen.

Am 18. geboren

Sie sind freiheitsliebend und tüchtig und können Menschen führen. Sie haben geistige Interessen, und Diskussionen sagen Ihnen sehr zu.

Die einfühlsame Seite Ihres Wesens läßt Sie die Musik lieben. Sie haben allerdings die Neigung, kritisch und fordernd zu sein.

Es wäre gut, wenn Sie diese analytische, kritische Fähigkeit beruflich nutzen würden, als Schriftsteller oder Kritiker zum Beispiel. Sie haben ein aktives Leben und werden viel auf Reisen sein.

Am 19. geboren

Sie sind ein extremer Mensch mit häufig wechselnden Stimmungen, die den ganzen Bereich von 1 bis 9 durchlaufen können. Ihr Leben ist stark gefühlsbetont, und Sie leben gern am Rand des Abgrunds. Sie verfügen über gewaltige Kraftreserven und halten allen Schwierigkeiten stand.

Wenn Sie Ihre originellen Ideen, Ihre Wendigkeit einsetzen, werden Sie nie Mangel leiden. Sie sollten jedoch vermeiden, zu ausschließlich auf Ihren eigenen Weg zu achten, weil Sie sonst zu viele Schläge einstecken müssen. Seien Sie vorsichtig in der Wahl Ihres Partners, da Ihr Geburtstag auf einige Mißverständnisse im Eheleben hinweist.

Am 20. geboren

Ihr Wesen ist vor allem emotional geprägt. Sie brauchen Freunde und Gesellschaft, den Trost und die Unterstützung anderer Menschen. Sie streben nach Sicherheit, Heim und Familie und würden sich in einem Familienunternehmen wohlfühlen, wo Sie Ihre Fähigkeit zur Detailarbeit gut einbringen könnten. Sie sind musikalisch und künstlerisch begabt und sollten Ihre Talente pflegen.

Lassen Sie sich von Ihren Gefühlen nicht zu sehr mitreißen, weil Sie sonst in den Ruf der Wankelmütigkeit kommen. Der Erfolg stellt sich ein, wenn Sie Ihre natürliche Einfühlungsgabe und die Geduld im Umgang mit Details pflegen.

Am 21. geboren

Um wirklich glücklich zu sein, müssen Sie Mittel und Wege finden, Ihre eigene Persönlichkeit literarisch oder künstlerisch auszudrücken.

Sie haben Takt und Charme, sind aber eindeutig individualistisch eingestellt und lieben Ihre Freiheit. Sie neigen manchmal dazu, Ihre Kräfte zu verzetteln, Ihre Energie zu verschwenden, weil Sie sich zu viel auf einmal vornehmen.

Sie brauchen in Ihrer Umgebung schöne Farben und Formen und bewirten gern Gäste.

Da Ihr Gefühlsleben starken Schwankungen unterworfen ist, wirkt sich die Liebe im guten wie im schlechten mächtig auf Ihr Leben aus. Im allgemeinen geben Sie weniger, als Sie empfangen.

Als Beruf würde Ihnen das Schreiben oder eine erzieherische Tätigkeit liegen. Sie ruhen sich am besten aus, wenn Sie lesen oder es sich einfach gemütlich machen. Ebenso gut erholen Sie sich mit öffentlicher Unterhaltung oder in Gesellschaft.

Am 22. geboren

Es kommt ganz auf Ihre Einstellung an, ob Sie die Tatsache, daß Sie an einem Geburtstag mit einer der beiden Hauptzahlen geboren sind, als Glück oder Pech betrachten.

Auf jeden Fall sind Sie nicht nur aus rein persönlichen Gründen geboren worden.

Ihr Ziel war es, eine bessere Welt zurückzulassen, als Sie vorfanden, und so sollten Sie sich um Ihr geistiges Gleichgewicht bemühen und nicht den Boden unter den Füßen verlieren, damit Sie sich an den Unternehmungen beteiligen können, die das Wohl der Menschheit im Auge haben.

Ihre Vorstellungen lassen Sie nach einem überdurchschnittlich weiten Betätigungsfeld Ausschau halten. Sie müssen dabei Mut beweisen und dürfen Ihre Ideale nicht aus den Augen verlieren. Außerdem dürfen Sie nicht vergessen, daß Sie auf dieser Erde leben.

Wenn Sie das Gefühl haben, das würde Ihre Kräfte übersteigen, lesen Sie unter dem Geburtstag nach, der unter dem Einfluß der 4 steht.

Am 23. geboren

Sie sind selbständig, nicht auf fremde Hilfe angewiesen, stolz und verantwortungsbewußt.

Sie können schnell denken und daher rasch Probleme lösen. Sie verfügen über beträchtlichen Scharfblick und stellen sehr genau fest, woran eine Gemeinschaft, eine Organisation krankt, beziehungsweise woran Menschen erkrankt sind.

Sie kommen mit dem anderen Geschlecht besser als mit dem eigenen aus, kommen mit älteren Menschen besser zurecht als mit jüngeren. Sie haben die Gabe, sich Veränderungen Ihrer Lebenslage und Umgebung gut anpassen zu können.

Da Sie flexibel sind, könnten Sie eine medizinische Laufbahn einschlagen oder in der Geschäftswelt, in der Unterhaltungsindustrie tätig werden.

Am 24. geboren

Sie haben erstaunlich viel Energie, müssen ständig in Bewegung und Ihr ganzes Leben hindurch aktiv sein. Sie sind bereit, Verantwortung zu übernehmen, im Bereich der Familie wie in der Öffentlichkeit, denn hier liegt Ihr eigentliches Interesse.

Sie kennen auch die Schattenseiten Ihrer Energie, Ihres Verantwortungsbewußtseins, denn manchmal neigen Sie dazu, sich zu viele Sorgen zu machen oder eifersüchtig zu sein. Sie gehen gern davon aus, daß die anderen das tun sollten, was Sie für richtig halten.

Sie können sicher hart arbeiten, um Ihre Ziele zu erreichen, die vielleicht auf dem Gebiet der Erziehung liegen.

Am 25. geboren

Intuition und plötzliche Einfälle sind kennzeichnend für Sie. Sie halten Ihre Gedanken und Gefühle zurück und werden oft mißverstanden. Ihre Selbstachtung ist vom Erfolg abhängig, und da Sie hohe Anforderungen an sich stellen, machen Sie sich leicht Sorgen und werden mürrisch, wenn Sie versagen. Sie dürfen sich nicht zu niedrig einschätzen.

Diese Einflüsse könnten Sie schöpferisch oder auch kaufmännisch tätig werden lassen. Dabei müssen Sie sich aber konzentrieren und sollten Ihre Sprunghaftigkeit und melancholischen Anwandlungen ablegen. Die Stadt mit ihrem hellen Lichterglanz gefällt Ihnen nicht sonderlich. Wenn Sie glücklich und erfolgreich sein wollen, müßten Sie ein einfaches Leben auf dem Land führen.

Am 26. geboren

Am meisten lieben Sie ein Zuhause und Kinder; alles andere in Ihrem Leben ist zweitrangig.

Sie können aber dennoch mit Erfolg eine kaufmännische Karriere einschlagen, da Sie hervorragend organisieren und führen können. Wenn Sie Dinge anfangen, ist Ihre Begeisterung groß, aber sie zu Ende zu bringen, fällt Ihnen nicht so leicht. Sie müssen also stetiger und ausdauernder arbeiten.

Sie sind stolz auf Ihren gesellschaftlichen Rang, Ihre Stellung, und so wäre eine Ehe nur anzuraten, wenn auch die Finanzen stimmen. Lösen Sie sich von der Vergangenheit und versuchen Sie, nicht ständig zwischen Ihren Gefühlen hin und her gerissen zu sein.

Am 27. geboren

Sie sind stark, entschlossen, sehr idealistisch und können andere Menschen von Natur aus gut leiten. Das sollten Sie nie vergessen und sich bemühen, an die Spitze zu kommen oder allein zu arbeiten. Eine untergeordnete oder gleichberechtigte Rolle liegt Ihnen nicht. In Freundschaften und in der Ehe schenken Sie viel Zuneigung und stärken das Gefühl der Zusammengehörigkeit. Sie verfügen über eine große psychische Einfühlung und werden sich bestimmt zur Metaphysik und Philosophie hingezogen fühlen.

Wenn etwas schiefgeht, geben Sie sich gern Selbstzweifeln hin und mögen sich selbst nicht mehr leiden. Wenn Sie das ablegen, geht es auch mit den Beziehungen besser. Sie eignen sich gut für literarische oder künstlerische Berufe.

Am 28. geboren

Der Geburtstag zeigt, daß Sie einen starken Charakter haben und das Unkonventionelle bevorzugen, auch wenn Sie die Grenzen des Konventionellen nicht außer acht lassen. Sie bestimmen gern, sind selbständig und ehrgeizig. Sie sollten auf sich gestellt arbeiten, aber doch im Zusammenhang mit einer Gruppe oder Organisation. Sie träumen zunächst von Ihren Idealen und arbeiten dann, um sie zu verwirklichen. Wenn Sie Ihre Ziele erreicht haben, verlieren Sie manchmal das Interesse.

Ihre Freiheit ist Ihnen sehr wichtig, und trotzdem stellen Sie oft fest, daß Sie eingeengt werden. Sie haben keine Lust, das herunterzuspielen, machen eher einigen Wirbel deswegen. Sie schleppen das Problem lange Zeit herum, obwohl es längst gelöst sein könnte.

Sie fühlen sich von allem Ungewöhnlichen angezogen.

Am 29. geboren

Die Numerologie sieht diese Zahl als ein bedeutendes Geburtstagsdatum an, das Sie wahrscheinlich öffentlich bekannt werden läßt. Sie haben nämlich Ideale und sind intuitiv, können gut mit Menschen umgehen und sie führen.

Unglücklicherweise neigen Sie dazu, launisch und unbeständig zu sein, da Sie über das Gefühl sehr viel wahrnehmen. Das Gute halten Sie gleich für sehr gut, das Schlechte für äußerst schlecht.

Ihre Gefühle schwanken ständig hin und her, und so ist es nicht leicht, mit Ihnen zu leben, Sie zu verstehen. Ein Interesse für Dinge, die mit dem Beruf nichts zu tun haben, wirkt beruhigend und kann Ihnen helfen, gelassen und ausgeglichen zu sein. Sie brauchen ein Betätigungsfeld für Ihr künstlerisches, dramatisches Gefühl und finden es vielleicht in der Musik oder im Schreiben. Sie können sehr erfolgreich sein, wenn die anderen Faktoren Ihres Zahlenfelds harmonieren.

Am 30. geboren

Sie sind mit einer starken Phantasie geboren und werden mit ihrer Hilfe entdecken, wie Sie die eigene Persönlichkeit ausdrücken können. Der schöpferische Ausdruck ist für Ihr Glück sehr wichtig. Schauspiel oder Literatur liegen als Betätigungsfeld nahe; lassen Sie sich jedoch nie auf einen eintönigen Beruf ein oder sich zu ihm zwingen. Sie werden nur enttäuscht sein.

Die anderen Menschen sollten wissen, daß es keinen Sinn hat, mit Ihnen zu streiten. Sie erreichen damit nichts. Sie haben Ihre eigenen Vorstellungen und werden sie nicht ändern. Sie sind gelegentlich ein wenig unberechenbar, bewähren sich in der Freundschaft und sind beliebt.

Da Sie stark idealistisch denken, könnte Ihnen ein sozialer Beruf zusagen. Jede Arbeit, bei der Sie Ihre künstlerische Begabung einsetzen können, tut Ihnen gut. Ihre Schwierigkeit ist, daß Sie viele Dinge beherrschen, aber zur Ungeduld neigen und Ihre Energien vergeuden.

Am 31. geboren

Sie sind eine Person, die gern aufbaut und hart arbeiten kann, um sich und Ihre Familie sicher zu versorgen. In der Freundschaft und Arbeit sind Sie treu und verläßlich. Sie können Eigensinn zeigen und sind in der zweiten Lebenshälfte wenig geneigt, Ihr Verhalten, Ihre Ansichten zu ändern. Um erfolgreich zu sein, brauchen Sie andere Menschen und einen festen Rückhalt in der Familie. Sie reisen aber auch gern, wenn sich die Gelegenheit dazu bietet.

Denken Sie daran, Ihre Ziele nicht zu hoch zu stecken. Wenn Sie Ihren Ehrgeiz nicht übertreiben, erleben Sie weniger Enttäuschungen. Sie haben ein angeborenes Wissen über Drogen und Heilkräuter, ein Interesse für Gesundheit und Heilkunst, und so können Sie sich gelegentlich selbst helfen. Der Erfolg stellt sich ein, wenn Sie allen Unternehmungen eine solide Basis geben.

5

Die Berechnung und Deutung Ihres Zahlenfelds

Es ist manchmal frustrierend, aus Büchern zu lernen, da die Autoren häufig eine winzige Kleinigkeit vergessen, die wesentlich ist, wenn wir auf einem bestimmten Gebiet wirklich kompetent werden wollen. Wir können uns dann nur noch die Haare raufen, und die Autoren wissen gar nicht, wie verzweifelt wir sind.

Ich möchte es bei diesem Buch nicht so weit kommen lassen, obwohl es bei seinem begrenzten Umfang schwer ist, genau zu erklären, wie Sie Ihr Zahlenfeld zusammenstellen müssen.

Wir erinnern uns, daß uns die Endsummen des Namens drei Faktoren brachten.

1. Die Summe der Vokale zeigt das Streben, den inneren Antrieb, die Ziele an.

2. Die Summe der Konsonanten zeigt die Persönlichkeit, den Eindruck, den wir auf andere machen.

3. Die Summe der Vokale und Konsonanten ergibt unsere Zahl des Ausdrucks, zeigt an, was wir am besten können. Sie läßt uns die geistige Einstellung erkennen.

4. Dazu kommt noch die Summe der Zahlen des Ausdrucks und des Schicksalswegs, welche die Zahl der Wirklichkeit ergibt, die eine große Richtung, in die wir uns das ganze Leben hindurch bewegen.

Das Y wird nur dann als Vokal behandelt, wenn sich im Namen sonst keinc Vokale finden. Überprüfen Sie die Rechengänge. Die Ergebnisse sind nur sinnvoll, wenn jeder Einzelschritt richtig ist.

Das Geburtsdatum gibt den Schicksalsweg an, das heißt, wir rechnen Tag, Monat und Jahr in eine einstellige Zahl um. Wir nehmen stets den Namen, der bei der Geburt gegeben wurde, auch wenn er später aus irgendwelchen Gründen geändert worden ist.

Das Geburtsdatum bezieht sich auf den Längenmeridian des Geburtsorts.

Änderungen des Namens bringen zusätzliche Schwingungen, lösen jedoch die Grundstruktur der Geburtszahlen nicht auf. Wir geben jetzt ein Beispiel für die gesamte Struktur von Name und Schicksalsweg.

= 6 + 5 + 11 = 22 = 4 =
Zahl des Zieles

1			5+		6	3	9		5+		6		5	
A	N	N	E	L	O	U	I	S	E	J	O	N	E	S
	5	5	+	3				1	+	1		5		1

= 1 + 4 + 7 = 12 = 3 =
Zahl des Eindrucks

Die Summe aus Ziel und Eindruck = 4 + 3 = 7 = Zahl des Ausdrucks.

Geburtstag = Schicksalsweg: 2.4.1946 = 2 + 4 + 2 = 8 = Schicksal.

Wirklichkeit: die Summe der Zahl des Ausdrucks und des Schicksals 7 + 8 = 15 = 6.

Die Richtung, in die wir uns bewegen

Die Summe dieser beiden Zahlen zeigt uns, worauf wir in diesem Leben hinarbeiten, was wir erreichen wollen. Diese Wirklichkeit ist immer Teil unseres Wesens, wird aber im Lauf des Lebens stärker und bezieht sich also mehr auf die zweite Lebenshälfte.

Entdeckt wurde die Zahl der Wirklichkeit aufgrund der Forschungen von Dr. Juno Jordan am California Institute of Numerical Research.

In fünfundzwanzigjähriger Forschungsarbeit überprüfte Dr. Jordan die Grundregeln von Namen und Zahlen. Mein Wissen geht auf seine zuverlässigen Erkenntnisse zurück. In einem Punkt weiche ich allerdings von ihm ab. Er nimmt die Zahl der Geburt als sogenannte Geburtskraft, während ich sie als Schicksalsweg sehe.

Wir sehen, daß sich Anne Louise Jones am meisten nach Sicherheit sehnt und sachlich mit den Problemen ihres Lebens umgehen möchte (Zahl des Zieles 4, Schicksalsweg 8).

Sie hat zwar eine angenehme, freundliche, gesprächige Persönlichkeit (3 Eindruck), die den Eindruck erweckt, sie hätte überhaupt keine Sorgen, ist jedoch in ihrem Innersten eine sehr nüchterne, sachliche, verläßliche und gewissenhafte Person (22/4 Ziel). Die 3 als ihre Zahl des Eindrucks läßt sie vielleicht die Gesellschaft von fröhlichen, unbeschwerten Menschen suchen, von Menschen auch, die sie enttäuschen und ihr vor allem in der Liebe Schmerzen bereiten werden, da die 3 häufig leichtsinnig und gesellig ist, von Ernsthaftigkeit nichts wissen will.

Obwohl sie aufgrund der 3 der Mittelpunkt einer Party sein kann, ist sie eigentlich keine sehr umgängliche oder anpassungsfähige Person. In einer engeren Beziehung wird die 7 als Zahl des Ausdrucks zum Tragen kommen, und Anne Louise Jones wird sich aufnahmefähig, verschwiegen, wählerisch und introvertiert geben.

Sie hat vielleicht viele Bekanntschaften, aber nur wenige echte Freunde, und die haben sie als verläßlich und aufopferungsvoll erlebt.

Die Ebenen des Ausdrucks

Wir müssen jetzt noch weitere Faktoren betrachten, die uns umfassendere Einsichten über Temperament und Fähigkeiten der Person vermitteln. Sie werden Ebenen des Ausdrucks genannt.

Wir nehmen unser Beispiel von Seite 62:

= 6 + 5 + 11 = 22 = 4 =
Zahl des Zieles

1			5+		6	3	9		5+		6		5	
A	N	N	E	L	O	U	I	S	E	J	O	N	E	S
	5	5	+	3				1	+	1		5		1

= 1 + 4 + 7 = 12 = 3 =
Zahl des Eindrucks

4 Ziel + 3 Eindruck = 7 Ausdruck

Wir betrachten alle Zahlen zusammen und erinnern uns an ihre Bedeutung.

In der Numerologie wird das menschliche Wesen wie folgt unterteilt:

1. in die körperlichen Zahlen 4 und 5,
2. in die emotionalen Zahlen 2, 3 und 6,
3. in die mentalen oder geistigen Zahlen 1 und 8,
4. in die intuitiven Zahlen 7 und 9.

Der Name wird dann so hingeschrieben:

A	N	N	E	L	O	U	I	S	E	J	O	N	E	S
1	5	5	5	3	6	3	9	1	5	1	6	5	5	1

Wir finden also

4 × 1
0 × 2
2 × 3
0 × 4
6 × 5
2 × 6
0 × 7
0 × 8
1 × 9

Wir stellen folgende kleine Tabelle zusammen:

körperlich	= 6	(nur die 5)
emotional	= 4	(Anzahl der 2, 3, 6)
mental	= 4	(Anzahl der 1 und 8)
intuitiv	= 1	(Anzahl der 7 und 9)

Wie schon oben erwähnt, gibt uns die Häufigkeit oder das Fehlen von Zahlen in einem Namen einige wichtige Hinweise auf das Temperament und die Fähigkeiten.

Das Leben verlangt von uns, die Mängel wettzumachen,

auch wenn uns auf den Ebenen, wo wir viele Zahlen haben, alles leichter, ja manchmal zu leicht fällt. Eine große Anzahl auf einer Ebene ermöglicht uns dort Erfolg und zeigt je nach Art der Zahl und der Ebene eine besondere Begabung an.

Die einzige Ausnahme ist die 5, da sie soviel Rastlosigkeit verleiht. Wenn sie zu häufig auftritt, kann sie den Erfolg schmälern und dazu führen, daß die betreffenden Menschen alles können, nur nichts richtig.

Die Deutung von Annes Zahlenfeld

Wie wir sehen, ist das hier der Fall. Ihr fehlen zum Ausgleich die Zahlen 2, 4, 7 und 8. Selbst wenn sie an anderen Stellen in der Berechnung auftauchen, werden sie ihr doch in einem gewissen Umfang fehlen.

Das Fehlen der 4 zeigt, daß sie sich nicht gern um Einzelheiten kümmert und kein großes Interesse an harter, systematischer Arbeit hat.

Das Fehlen der 2 und die vielen 1 bedeuten, daß sie individualistisch eingestellt ist, eigene Vorstellungen hat und sich an sie hält. Die Zusammenarbeit mit anderen fällt ihr nicht so leicht. Dazu trägt auch die Zahl des Ausdrucks bei.

Sie muß lernen, systematisch vorzugehen und ihr Urteilsvermögen schulen, mehr auf den praktischen Nutzen zu achten. Es kann sein, daß sie die Armut fürchtet und zu Geiz neigt oder umgekehrt völlig sorglos ist.

Ihre Zahl des Schicksalswegs zeigt, daß sie am besten einen kaufmännischen Beruf ergreift. Wenn sie in ihm erfolgreich sein will, muß sie die Fähigkeit entwickeln, mit der nüchternen Welt der Tatsachen zurechtzukommen.

Verdrängte Gefühle

Wenn wir in den Ebenen des Ausdrucks nur eine 7 finden oder auch gar keine, können wir mit ziemlicher Sicherheit annehmen, daß der betreffende Mensch seine Gefühle verdrängt. Das ist schädlich für die Nerven und die Gesundheit und erschwert den zwischenmenschlichen Verkehr. Diese Scheu, die Gefühle zu zeigen, hat meist mit der Angst zu tun, die Zuneigung könnte unerwidert bleiben oder geringschätzig aufgenommen werden.

So wird eine Mauer zwischen dem Ich und den anderen errichtet, und die betreffenden Menschen sind einsam und suchen den Mangel an Zuneigung durch Alkohol, Drogenmißbrauch, Promiskuität oder Krankheit auszugleichen.

Da kann nur geraten werden, sich selbst nicht zu ernst zu nehmen. Diese Menschen mögen zwar verletzt sein, aber sie sitzen im selben Boot wie alle anderen. Sie dürfen nicht zulassen, daß der Stolz und ihr kühles Herz sie in einen *Eisschrank* verwandeln.

Wir werden nun das Geburtsdatum und den Einfluß des Geburtstags analysieren.

Die 8 – eine Zahl der Extravertierten

Wir sagten schon, daß die 8 eine mentale Zahl ist, eine Zahl des Verstandes, die mit der Bewältigung der materiellen Welt verbunden ist und extravertiert macht. Das wird kein leichter Weg für Anne Jones, da sie ihrer Zahl des Ausdrucks nach introvertiert ist und keinen großen Gefallen an dem Lärmen und der Hetze der Geschäftswelt finden wird.

Freilich könnte Anne in eine Organisation eintreten, die mit Kunst, mit schöpferischer Arbeit, mit Musik zum Beispiel, zu tun hat. Es wird ihr nichts ausmachen, Verantwortung zu übernehmen, da sie auf ihrer emotionalen Ebene zweimal die 6 hat. Die 6 beeinflußt auch die Stimme, und so kann Anne gut sprechen.

Ihr würde eine Arbeit gefallen, die ihr viel Abwechslung bietet, bei der sie viel mit Menschen zu tun hat. Die Ebenen des Ausdrucks zeigen sechsmal die 5; sie wird wenig mit Routinesachen zu tun haben und auch Zeit für sich selbst finden.

Sie kann gut mit anderen Menschen umgehen, mag eine angenehme Umgebung und hat es gern, wenn man ihr in gewissem Umfang freie Hand läßt. Sie wäre also zum Beispiel eine gute Pressechefin. Sie kann nämlich verschwiegen sein (7 als Zahl des Ausdrucks) und zugleich diplomatisch und taktvoll (am 2. geboren).

Anne kann Verantwortung tragen, und wenn sie Unterstützung findet, wird sie sich bemühen, ihr Bestes zu geben, was ganz ihrem Wesen entspricht (sechsmal die 5 auf der körperlichen Ebene). Ihre Arbeit wird sie glücklich machen, vor allem wenn sie gut genug bezahlt wird, um etwas Geld sparen zu können; andrerseits wird sie, da bei ihr die 5 so häufig erscheint, erst durch Schwierigkeiten lernen, wirtschaftlich zu denken. Die 5 und die 3 sind die Zahlen, die verschwenderisch machen.

Die Probleme in ihrem Leben entstehen aus der Verschiedenheit der 7 als der Zahl des Ausdrucks und der 8, die ihren Schicksalsweg bestimmt.

Die 8 wird sie eher hinaus ins Leben drängen, während die 7 sie zurückhält und schweigsam macht.

Die 4 als Zahl des Zieles

Als Zahl des inneren Antriebs, des Zieles hat sie die 4, die gut zu den anderen Zahlen paßt, die etwas über den Beruf aussagen, nämlich zur 2 ihres Geburtstags und zur 8 ihres Schicksalswegs. Dazu kommt die 6 auf der körperlichen Ebene, das heißt ihre Anziehungskraft, ihr bezauberndes Verhalten, und so wird sie aus sich herausgehen können und in der Liebe wie in der Freundschaft die Menschen kennenlernen, die sie glücklich machen, wenn sie ihre Launenhaftigkeit, auf welche die 7 als Ausdruckszahl hinweist, im Zaum hält und die Zahl positiv einsetzt, was sie befähigen wird, einen tieferen Einblick in die Menschen und Situationen zu gewinnen, die ihr im Leben begegnen.

Eine letzte Bemerkung zur Analyse des Namens und Geburtstags: wir dürfen nicht vergessen, daß jede Zahl positiv wie negativ eingesetzt werden kann. Wenn wir eine Zahl positiv einsetzen, befinden wir uns in Übereinstimmung mit der jeweiligen Situation. Die negative Äußerung ist immer egoistisch und wirkt trennend und einengend.

Wenn wir die Tabellen ausrechnen, die Zahlen bestimmen, schreiben wir alles auf ein Blatt Papier, auch die Vorausschau auf die Zukunft, die im nächsten Kapitel dargestellt wird, denn so läßt sich das gegenwärtige Verhalten der Menschen mit Hilfe der Geburtsdaten und der übrigen Zahlen beurteilen.

6

Was ist mit der Zukunft?

Wenn das Zahlenfeld ausgerechnet ist und wir rasch abschätzen wollen, ob das Leben leicht oder schwer sein wird, zeichnen wir Kästchen auf das Papier. Die Zahlen sind wie folgt angeordnet:

3	6	9
2	5	8
1	4	7

In der obersten Reihe stehen von links nach rechts die Zahlen 3, 6, 9.

In der zweiten Reihe stehen von links nach rechts die Zahlen 2, 5, 8.

In der dritten Reihe stehen von links nach rechts die Zahlen 1, 4, 7.

Wir sehen, daß in den waagrechten Reihen der Unterschied zwischen den Zahlen 3 beträgt. In der Deutung läßt das auf viele Probleme schließen und darauf, daß der Erfolg sich nur schwer einstellt.

In den senkrechten Reihen beträgt der Unterschied 1 und 2. Das bedeutet, daß das Leben nicht zu schwer sein wird. Der Weg zum Erfolg wird hier leichter sein.

In der Diagonale mit den Zahlen 1, 5, 9 beträgt der Unterschied 4. Alles läßt sich leichter erreichen, vielleicht zu leicht und mit zu wenig Anstrengung, als daß sich ein starker Charakter entwickeln könnte. Es kann zu Fehlschlägen kommen, weil das Leben zu leicht genommen wird, weil die betreffenden Menschen sich zu sehr auf andere verlassen.

Bei diesem raschen Überblick werden nur die Zahlen des Geburtsdatums verwendet. Nehmen wir zum Beispiel das Datum des 6. Februars 1950. Wir schreiben also 6.2.1950.

Die 6 kommt in das zweite Kästchen der ersten Reihe, die 2 in das erste Kästchen der zweiten Reihe.

Bei der Jahreszahl schreiben wir die 1 in die linke Ecke unten, die 9 in die rechte Ecke oben und die 5 in die Mitte.

	6	9
2	5	
1		

Wie wir auf einen Blick sehen können, wird diese Person ein verhältnismäßig leichtes Leben haben. Dem Menschen fallen die Dinge manchmal in den Schoß; er wird sich nicht groß anstrengen müssen. Er läuft Gefahr, die Dinge zu leicht zu nehmen, seine Zeit und sein Geld zu vergeuden, weil er es sich bequem macht – wobei wir noch feststellen, daß die Quersumme des Geburtsdatums 5 ist, die Zahl der Menschen, die gern Geld ausgeben und die Abwechslung lieben.

Hinweise auf die Zukunft

Welche Möglichkeiten haben wir, Hinweise auf die Zukunft zu erhalten?

Unser Leben ist durch bestimmte wichtige Abschnitte gegliedert, die wir mit einem Fachausdruck als «Gipfel» bezeichnen können. Sie werden folgendermaßen berechnet:

1. Wir ziehen die Zahl des Schicksalswegs von 36 ab. Das ergibt die Dauer des ersten Gipfels. Die erste *Gipfel-Zahl* finden wir, wenn wir den Tag und den Monat addieren, und sie gilt für eine Dauer von neun Jahren.

2. Den *zweiten Gipfel* finden wir, wenn wir den Tag und das Jahr der Geburt zusammenzählen. Auch diese Zahl gilt für die Dauer von neun Jahren.

3. Nun zählen wir die beiden vorigen Ergebnisse zusammen und erhalten den *dritten Gipfel.* Er dauert wiederum neun Jahre.

4. Den *vierten und letzten Gipfel* finden wir, wenn wir den Monat und das Jahr der Geburt zusammenzählen. Er hat wie der erste Gipfel eine viel längere Dauer und erstreckt sich vom Ende des dritten Gipfels bis zum Lebensende.

Die *Gipfel* geben die innere Haltung und die Erfahrung an, die während ihrer Zeitdauer vorherrschend sind.

Natürlich müssen die Endsummen in jedem Fall in eine

einstellige Zahl umgerechnet werden. Eine weitere Verfeinerung des Systems erreichen wir, wenn wir die Möglichkeiten miteinbeziehen, die sich aus Geburtstag, -monat und -jahr ergeben. Sie werden *Zyklen* genannt und vermitteln uns weitere Erkenntnisse, da sie etwas über das Umfeld, die allgemeine Situation, den Hintergrund der Gipfel aussagen.

Die Zahl des Monats ist der *erste Zyklus,* der die gleiche Dauer wie der erste Gipfel hat.

Die Zahl des Geburtstags ist der *zweite Zyklus,* und seine Dauer erstreckt sich durch den zweiten und dritten Gipfel und über die ersten neun Jahre des vierten Gipfels. Er heißt der *Zyklus der Produktivität* und wird als der wichtigste angesehen, da er gewöhnlich die aktivste Zeit eines Menschenlebens umfaßt.

Neben den Zyklen, Gipfeln und der persönlichen Jahreszahl, die wir dadurch finden, daß wir den Tag und den Monat der Geburt zur allgemeinen Jahreszahl (ihrer Quersumme) hinzufügen, haben wir noch die Schwachstellen im Charakter, die Fallgruben, die ein Leben unglücklich und wenig erfolgreich verlaufen lassen.

Sie heißen *Herausforderungen,* und wir finden sie, wenn wir die Zahlen der Zyklen voneinander abziehen. Auch sie haben die gleiche Dauer wie der Gipfel.

Aus diesen Hinweisen läßt sich eine recht gute Vorstellung gewinnen, wie sich das Leben in groben Zügen entfalten wird. Wir müßten freilich noch andere Zeichen miteinbeziehen, die sich aber im Rahmen eines kleinen Buches nicht darstellen lassen.

Da diese Anweisungen ziemlich knapp gefaßt sind, möchte ich ein Beispiel geben, wie die Zukunft nach dem obigen Verfahren erhellt werden kann.

Zur Deutung können wir ebenfalls die Erklärungen zu

den Zahlen in den früheren Kapiteln heranziehen, auch wenn ich sie hier noch einmal zusammenfasse.

Die Zahlen haben immer dieselben Bedeutungen; allerdings ändert sich ihre Stellung in den Tabellen und der Progression, welche die Zukunft erkennen läßt. Wenn unsere Analyse gut sein soll, müssen wir die Bedeutungen der Zahlen verstehen und sie mit Einfühlung und Intuition auf alle Tabellen einschließlich der Geburtszahl anwenden.

Kein Hinweis steht für sich allein, keine Person reagiert genau gleich auf die Akzente, die vergleichbare Schwingungen setzen. Wie die Menschen reagieren, hängt von der Stärke oder der Schwäche der Zahl in ihrer Geburtstabelle ab. Deshalb empfehle ich, alle Berechnungen auf einem Blatt auszuführen, damit wir leicht überprüfen können, welche Zahlen stark oder schwach sind.

Beispiel einer Progression

Wir sehen uns ein bestimmtes Geburtsdatum an, um mit Hilfe einer Progression zu erkennen, wie sich die Zukunft gestalten wird.

Das Datum: $\frac{21. \quad 4. \, 1942}{3 + 4 + 7} = 14 = 5$ als Schicksalsweg

Die Berechnung der Gipfel

1. Wir ziehen die Zahl des Schicksalswegs von 36 ab, um die Dauer des ersten Gipfels zu finden: 36 − 5 = 31. Der erste Gipfel dauert also bis zum 31. Lebensjahr.

2. Die Zahl des *ersten Gipfels* erhalten wir, wenn wir den Tag und den Monat der Geburt addieren: 3 + 4 = 7 = erster Gipfel.

3. Wir addieren Tag und Jahr: 3 + 7 = 10 = 1. Das ist der *zweite Gipfel.*

4. Wir addieren die beiden vorigen Ergebnisse und erhalten den *dritten Gipfel*: 7 + 1 = 8.

5. Wir zählen Monat und Jahr zusammen und erhalten den *vierten Gipfel*: 4 + 7 = 11.

Die Berechnung der Zyklen

1. Der *erste Zyklus,* der die Dauer des ersten Gipfels hat, ist durch die Zahl des Monats gekennzeichnet.

2. Der *zweite Zyklus,* der die Zahl des Tages trägt, hat die Dauer des zweiten und dritten Zyklus, dazu noch die ersten neun Jahre des vierten Zyklus. Der Rest des vierten Gipfels hat die Jahreszahl als Kennzeichen seines Zyklus.

Die Berechnung der Herausforderungen

(der Schwächen, die in bestimmten Lebensabschnitten besonders hervortreten)

1. Wir stellen die Differenz zwischen Tag und Monat der Geburt fest und erhalten die *erste Herausforderung.* Sie hat die gleiche Dauer wie erster Gipfel und erster Zyklus. 3 – 4 = 1, und so ist die 1 die erste Herausforderung.

2. Wir stellen die Differenz zwischen Tag und Jahr fest: 3 – 7 = 4, und so ist die 4 die Zahl der *Herausforderung des zweiten Gipfels.*

3. Die Differenz der Zahlen der ersten und zweiten Herausforderung ergibt die *Herausforderung des dritten Gipfels.*

4. Wir stellen die Differenz zwischen Jahreszahl und Monat fest und erhalten die vierte Herausforderung, die bis zum Lebensende dauert.

Das ergibt folgende Tabelle:

Geburtsdatum: $\frac{21. \quad 4. \; 1942}{3 \quad 4 \quad 7}$ = 14 = 5 als Schicksalsweg

	Zyklus	Gipfel	Herausforderung
Geburt bis 31. Lebensjahr	4	7	1
32. bis 41. Lebensjahr	3	1	4
42. bis 51. Lebensjahr	3	8	3
52. Lebensjahr bis Lebensende	3 neun Jahre lang, dann 7 bis zum Lebensende	11	3

Erster und letzter Gipfel sind also die längsten, während die anderen eine Dauer von neun Jahren haben. Sie geben Hinweise auf die Hintergründe und Erfahrungen, die das Leben in gewissem Grade beeinflussen werden.

Kurze Erklärungen der Bedeutung der Gipfel

1 Macht es möglich, die Selbständigkeit zu entdecken, individuell zu handeln und an erster Stelle zu stehen. Aktive Zeit – die Betreffenden müssen auf eigenen Füßen stehen. Wahrscheinlich plötzliche Veränderungen.

2 Es kommt zur Zusammenarbeit mit anderen. Nicht allein bleiben; die Schlüsselworte sind hier Mitarbeit und Diplomatie.

3 Fröhliche Zeit des Reisens, der Entfaltung literarischer, schöpferischer oder sozialer Fähigkeiten. Freundschaften sind von Bedeutung, daneben der Wunsch nach Luxus. Mit der Liebe, mit dem Geld nicht zu freigiebig umgehen.

4 Eine aufs Praktische gerichtete Zeit, in der es schwierig ist, mehr als die Arbeit zu tun, die Pflichten zu erfüllen, die der Zukunft eine feste Grundlage geben.

5 Eine ungebundene, abwechslungsreiche Zeit, Reisen, Kontakte und Ungewißheit, aber doch eine Periode der lebendigen, interessanten Erfahrungen.

6 Gewöhnlich eine Zeit, in der geheiratet und ein Zuhause eingerichtet werden kann. Kinder, Verwandtschaft und Verantwortung sind die Schlüsselworte.

7 Eine nach innen gekehrte Zeit des spirituellen und geistigen Wachstums. Entfaltung des Seelischen. Kann eine einsame Zeit sein, schwierige Gesundheit. Eine gute Periode, um sich zu spezialisieren.

8 Eine gute Zeit für die Finanzen, wenn Anstrengungen unternommen werden und die Urteilskraft zu ihrem Recht kommt. Gewöhnlich eine gute, verantwortliche Position in einer Organisation.

9 Eine Zeit, in der sich die Gelegenheit bietet, viel über das Leben zu lernen. In Hinblick auf die persönliche Ebene, auf Liebe, Finanzen und Freundschaft eher enttäuschend. Eine Lektion in selbstlosem Dienen und für andere da sein.

11 Eine günstige Zeit, um Ideale zu verwirklichen. Das gilt für uns selbst oder die Kinder, die im Bereich des Schöpferischen Erfolge erzielen.

22 Eine Zcit der Möglichkeiten, idealistische Projekte weiter zu verfolgen, sich zu enfalten, vielleicht in einem internationalen Rahmen.

Die Zyklen und Herausforderungen bedeuten etwas Ähnliches. Wenn zum Beispiel jemand als Zahl der Herausforderung die 3 hat, so ist anzunehmen, daß er seine kreative, heitere Seite leben muß, daß er sich schöpferisch betätigen sollte. Unterläßt er es, wird es mit dem Glück nicht so einfach sein.

Ein Beispiel für die Deutung der Zyklen. Die 4 als Zahl des Zyklus für den ersten Gipfel läßt auf harte Arbeit, auf intensives Lernen in der Schule und auf der Universität schließen.

Die Zahlenschwingung eines Menschen ändert sich mit jedem Jahr, und wir finden sie, wie schon erwähnt dadurch, daß wir den Geburtstag und -monat zu der allgemeinen Jahreszahl hinzuzählen.

1971 hatte die 9 als Zahl, 1 + 9 + 7 + 1
eigene Zahl zu finden, die uns zusammen mit den Geburtstabellen und den Hinweisen aus Gipfel, Zyklus und Herausforderung zeigt, was wir von dem Jahr zu erwarten haben,

zählen wir einfach Geburtstag und -monat zur 9 hinzu. Eine Person, die am 5. Mai geboren ist, wird also rechnen 5 + 5 = 1, und so wird 1971 ein neuer Lebensabschnitt für sie begonnen haben. Sie sah sich gezwungen, ihre Angelegenheiten zu ordnen und wichtige Entscheidungen zu treffen, die die nächsten neun Jahre beeinflußten.

Wir können uns auch jeden Monat daraufhin ansehen, was er uns bringen wird. Um die persönliche Monatszahl zu finden, zählen wir die persönliche Jahreszahl zum Kalendermonat hinzu.

7

Liebe, Geld und Erfolg

Die Zahlenmagie kann uns nützliche Hinweise über unsere Einstellung zu Liebe, Geld und Erfolg geben. Das Verfahren ist ganz einfach.

Konzentrieren Sie sich auf eins der drei Worte (Liebe, Geld oder Erfolg). Dann wählen Sie im Geiste spontan drei beliebige Zahlen von 1 bis 9 aus (wenn Sie wollen, können Sie auch die 11 und die 22 miteinbeziehen). Addieren Sie die Zahlen und bilden Sie die Quersumme, rechnen Sie sie in eine einstellige Zahl um; die 11 und die 22 werden nicht umgerechnet. Dann lesen Sie die Deutung Ihrer Zahl in der folgenden Zusammenstellung.

Vergessen Sie nicht, daß Sie bei diesem Verfahren völlig entspannt sein sollten, um die drei Zahlen spontan auswählen zu können.

LIEBE

Die Zahl 1

Das bedeutet, daß Ihre Gefühle aufrichtig sind, und daß Sie nach dem oder der Einen Ausschau halten, nach dem einzig richtigen Partner. Die Liebe soll romantisch und der Alltagswelt entrückt sein. Vorsicht: Sie verhalten sich vielleicht ein wenig egoistisch, was das Glück schmälern könnte.

Die Zahl 2

Ihnen geht es vor allem um Sicherheit, und zwar weil Sie sich ein eigenes Zuhause, eine Familie und Kinder wünschen, die Sie lieben und beschützen können. Sie mögen das Hinterherlaufen nicht, wollen eher, daß die Liebe zu Ihnen kommt. Seien Sie nicht zu schüchtern, Sie könnten zu kurz kommen.

Die Zahl 3

Ihre Haltung in der Liebe ist unbeschwert. Sie wollen keinen Hausstand gründen, sondern genießen und kosten, was sich bietet. Das kann ein vorübergehendes Gefühl sein, ist im Augenblick aber durchaus da. Gönnen Sie sich den Genuß.

Die Zahl 4

Sie halten es in der Liebe mit der Treue und Zuverlässigkeit. Ihre Haltung in der Freundschaft zeigt, daß Sie charakterfest sind, und das gilt in noch stärkerem Maß auch für die Liebe. In Ihrem Leben wird es nicht viele Liebesaffären geben, da Sie dauerhafte Bindungen vorziehen. Sie brauchen einen aufrichtigen Partner, der auch gut mit dem Geld umgehen kann.

Die Zahl 5

Sie gehören zu den Menschen, die eine Familie brauchen, und so würden Sie nur jemanden heiraten, dem Kinder nicht gleichgültig sind. Sie schätzen Romantik und Reisen, was auch bedeuten kann, daß Ihr Partner aus dem Ausland kommt. Sie möchten in Ihren Affären, in der Ehe viel lernen, und so brauchen Sie jemanden, der Familie, Reisen, Bildung und körperliche Erfüllung schätzt.

Die Zahl 6

Sie gehören zu den häuslichen Menschen. Sie wünschen sich vor allem ein Heim und einen verständnisvollen Partner. Die praktischen Erfordernisse einer Ehe sind Ihnen wichtig, und Sie werden erst heiraten, wenn Sie überzeugt sind, daß alles seine Ordnung hat. Sie zeigen eine reife, liebevolle und vernünftige Haltung, und daher müßte Ihr Leben glücklich verlaufen.

Die Zahl 7

In der Freundschaft und der Liebe sind Sie kritisch und wählerisch und haben etwas Einzelgängerisches, da Sie die Vollkommenheit suchen und durch die winzigste Kleinigkeit schon aus dem Konzept gebracht werden. Sie sind nicht davon überzeugt, daß eine enge Beziehung oder die Ehe ein Gewinn sind, und Ihre Haltung ist vielleicht ein wenig zu kritisch oder gehemmt.

Die Zahl 8

In Ihrer Einstellung zur Liebe spielt auch das Geld eine Rolle. Sie würden nie sagen: lieber arm und glücklich... Die Liebe ist Ihnen sehr wichtig, aber mit dem Geld muß es auch stimmen. Messen Sie dem Reichtum nicht zu viel Wert bei, sonst sind Sie vielleicht am Ende mit jemandem verheiratet, für den die Karriere das Wichtigste ist.

Die Zahl 9

Sie geben gern und sind der Ansicht, daß die Liebe Ihren Gesichtskreis erweitern und Sie in die Lage versetzen sollte, einen Teil Ihrer Ideale zu verwirklichen. Sie brauchen einen Partner, dessen Herz so weit und liebevoll wie Ihr eigenes ist.

Die Zahl 11

Sie werden von unkonventionellen Partnern angezogen. Sie haben das Gefühl, der richtige Mensch wird einfach kommen, weil er Teil Ihres Schicksals ist. Verfallen Sie in keine zu passive Haltung, da auch Sie wie alle anderen unter die Menschen gehen müssen: Wollen Sie die Hände in den Schoß legen und warten, bis die Liebe hereingeschneit kommt?

Die Zahl 22

Sie gehören zu den Idealisten und haben Ihre Schwierigkeiten, den rechten Partner zu finden, da sich Ihre Ansichten zur Sexualität vielleicht schon verfestigt haben und Ihnen die Anpassung an den Partner nicht leicht fällt. Sie sollten sich von Ihren Hemmungen befreien, und Ihrem Glück wird kaum noch etwas im Wege stehen.

GELD

Die Zahl 1

Wenn das Ihr Ergebnis ist, bedeutet Ihnen das Geld an sich nicht so arg viel. Sie versuchen allerdings, es sich auf originelle Weise zu verschaffen. Das heißt, am meisten erreichen Sie durch den Einsatz Ihrer schöpferischen Kräfte und durch die Kontakte mit Menschen, die sich darauf verstehen, Geld zu verdienen. Alles in allem kommt bei Ihnen erst die Liebe und dann das Geld.

Die Zahl 2

Das Ergebnis zeigt, daß das Geld für Sie Sicherheit bedeutet, vor allem in Verbindung mit Heim, Familie und Kindern, wenn Sie es nicht gar als Selbstzweck ansehen. Setzen Sie Ihre diplomatischen Fähigkeiten ein, und Sie haben finanziellen Erfolg. Wenn Sie drängen und Entscheidungen erzwingen, können Sie nur verlieren.

Die Zahl 3

Mit diesem Ergebnis bringen Sie das Geld mit dem Glück in Verbindung, neigen ein bißchen zum Spielen und sind ein wenig verschwenderisch. Eigentlich können Sie das Geld nicht so richtig ernst nehmen. Gelegentlich könnte es Ihnen, was andere Menschen angeht, an Rücksichtnahme fehlen, das heißt, Sie vergessen vielleicht, Ihre Rechnungen zu bezahlen, da Sie Gelddinge eher auf die leichte Schulter nehmen. Wahrscheinlich sind Sie vom Glück gesegnet. Denken Sie auch an die Menschen, die es nicht sind.

Die Zahl 4

Mit diesem Ergebnis nehmen Sie das Geld ernst und wollen auch dafür arbeiten. Sie neigen aber dazu, sich in finanzieller Hinsicht unsicher zu fühlen und denken eher pessimistisch über Ihre Möglichkeiten, genügend Geld zu erwerben. Was Sie besitzen, haben Sie sich selbst erarbeitet. Lassen Sie sich dadurch nicht zum Geiz verführen.

Die Zahl 5

Das Ergebnis bedeutet, daß Sie mit Ihrem Geld gern Reisen finanzieren, in der Hoffnung, romantische Dinge zu erleben. Sicherheit finden Sie, wenn Sie Berufe ergreifen, die mit den Medien zu tun haben, wenn Sie schreiben oder für Verlage tätig sind. Solche Arbeit könnte Ihnen gefallen und Ihnen Sicherheit geben, ohne Sie zu sehr zu binden. Sie werden Geld haben, und die Romantik wird nicht zu kurz kommen.

Die Zahl 6

Wenn Sie nicht über ausreichend Geld verfügen, machen Sie sich leicht Sorgen. Das Geld ist für Sie wichtig, weil es Sie vom Gefühl der Unsicherheit befreit. Sie sind der Ansicht, daß es in jeder Angelegenheit eine wichtige Rolle spielt, die Ihnen der Mühe wert erscheint, für die Ehe zum Beispiel, für Reisen und so weiter. Sie haben es gern, stets genügend Geld zu besitzen, um den Menschen helfen zu können, die Sie lieben.

Die Zahl 7

Mit diesem Ergebnis erscheint Ihnen das Geld und der Umgang mit ihm irgendwie rätselhaft. Sie haben Schwierigkeiten, mit größeren Summen vernünftig umzugehen.

Manchmal kann Ihnen das Geld unerwartet in den Schoß fallen. Sie müßten versuchen, Ihre Mittel zweckmäßiger einzusetzen.

Die Zahl 8

Der Umgang mit dem Geld fällt Ihnen leicht. Sie haben eine natürliche Begabung für Finanzdinge. Sie erträumen sich so alles Mögliche und neigen dazu, die Menschen danach zu beurteilen, ob sie wohlhabend oder mittellos wirken. Sie können sich täuschen, da der Schein manchmal trügt. Ihr Wunsch, Geld zu verdienen, wird dazu beitragen, daß Sie über ausreichend Mittel verfügen.

Die Zahl 9

Sie mögen es gar nicht, knapp bei Kasse zu sein. Ihre Sicherheit, Ihr Selbstvertrauen hängen davon ab, daß Sie genügend Geld haben. Sie benötigen es, um Ihre Ziele zu erreichen und sich so auszudrücken, wie Sie es sich wünschen. Sie haben hochgesteckte Ziele und haben gewöhnlich Erfolg.

Die Zahl 11

Das Ergebnis bedeutet, daß Sie Ihr Geld gern auf ungewöhnliche Weise verdienen. Außerdem sind Sie seltsam abhängig davon, was andere Menschen über Sie denken. Ihr Bedürfnis, Geld zu haben, enspringt eigentlich der Tatsache, daß Sie bestimmte Vorstellungen haben, wie die anderen Sie sehen sollten. Ihre Sicherheit hängt sehr stark davon ab, was die anderen über Sie denken. Am meisten erreichen Sie, wenn Sie fortschrittliche Methoden anwenden, sich esoterischen Dingen oder auch der alternativen Heilkunst zuwenden.

Die Zahl 22

Dieses Ergebnis zeigt, daß Sie gern großzügig denken, wenn es um Geld geht. Für Sie ist es ein Mittel, große Projekte erfolgreich durchzuführen, im kaufmännischen Bereich vielleicht, für den Sie sich besonders eignen.

Sie müssen zweckmäßig vorgehen und dann sogar über das normale praktische Denken hinausgehen, wenn Sie Ihren Traum vom Erfolg verwirklichen wollen.

ERFOLG

Die Zahl 1

Das Ergebnis bedeutet, daß Sie kein Mensch sind, der den üblichen Weg im Leben einschlagen will. Wenn Sie auf Erfolg aus sind, werden Sie sich etwas Neues, Selbständiges, Fortschrittliches vornehmen – und Erfolg haben.

Die Zahl 2

Mit diesem Ergebnis sind Sie nicht gerade draufgängerisch veranlagt. Ihre Muße, Ihr Vergnügen ist Ihnen wichtig. Musik, Kunst, Literatur und andere Tätigkeiten im Bereich der Kultur können Ihnen Erfolg bringen.

Die Zahl 3

Sie fühlen sich Ihrem Wesen nach vom Erfolg angezogen, aber da Sie eine rege Phantasie haben, lassen Sie sich auf viele Dinge ein, um Ihre Ziele zu erreichen. Dabei kann es geschehen, daß Sie Ihre Talente nur oberflächlich einsetzen und Kraft und Energie vergeuden. Es wäre klug, Ihren Wirkungskreis einzuschränken, ein Projekt zu vollenden, bevor Sie ein neues beginnen.

Die Zahl 4

Das Ergebnis zeigt, daß Sie zu den äußerst sachlichen Menschen gehören. Sie sind bereit, für den Erfolg zu arbeiten. Sie sind Realist und können den Erfolg so ernst nehmen, daß Ihnen kaum noch Zeit für das Vergnügen bleibt.

Die Zahl 5

Sie gehören zu den schöpferischen Menschen und suchen den Erfolg durch Reisen und anregende Dinge. Der Austausch von Gedanken ist wesentlich für Ihren Erfolg. Wenn das Glück auf Ihrer Seitc ist, können Sie als Schriftsteller, Journalist oder Fernsehkommentator bekannt werden.

Die Zahl 6

Das Ergebnis zeigt, daß Sie kaum den Wunsch haben, auf großartige Weise erfolgreich zu sein. Sie sind glücklich, wenn sich der Erfolg zu Hause, in der Familie, in der Liebe einstellt. Sie sind bereit, alles andere loszulassen, wenn Ihnen diese Form des Wohlergehens erreichbar scheint. Sie werden sich vermutlich dafür entscheiden.

Die Zahl 7

Sie möchten gemeinsam mit einem Partner erfolgreich sein, der Ihre Ideale, Hoffnungen, Freuden und Leiden teilt. Sie werden zusammen auch Erfolg haben. Sie erträumen sich die absolute Vollkommenheit. Ein Ideal, das schwer zu verwirklichen ist, aber wenn es Ihnen gelingt, sind Sie sicher glücklich zu nennen.

Die Zahl 8

Das Ergebnis zeigt, daß für Sie Geld groß geschrieben wird. Sie wünschen sich von Herzen den Besitz materieller

Dinge, gute Kleidung, Autos, Häuser, gutes Essen und Trinken und die nötigen Mittel dazu. Sie müssen lernen, all diese Annehmlichkeiten mit anderen zu teilen. So werden Sie glücklicher und erfüllter leben. Sie wissen, wie man zu etwas kommt und werden sicher Erfolg haben.

Die Zahl 9

Mit diesem Ergebnis zielen Sie auf internationalen Ruhm ab. Sie wollen hoch hinaus und werden am erfolgreichsten sein in der Welt der Unterhaltung, in der Kunst oder wenn Sie sich humanitären Idealen verschreiben. Sie werden Ihre Ziele erreichen.

Die Zahl 11

Ausgefahrene Geleise schätzen Sie nicht sonderlich und suchen den Erfolg auf ungewöhnlichen Gebieten. Wenn Sie bewährte, erprobte Wege einschlagen, werden Sie kaum mit Erfolg rechnen können. Fernsehen, Computer, das Arbeiten mit außersinnlichen Wahrnehmungen, alles, was mit Esoterik und okkulten Dingen zusammenhängt, sollte erfolgversprechend sein.

Die Zahl 22

Das Ergebnis zeigt, Sie wissen, daß Ihr Erfolg davon abhängt, wie Sie eine Sache ganz persönlich angehen, wie Sie Ihre Überredungskünste, Ihre Ausstrahlung einsetzen. Sie könnten also dort erfolgreich sein, wo es im weitesten Sinn um Verkaufen geht. Es könnte sich erweisen, daß sich alles, was Sie anfassen, in Gold verwandelt. Sobald Sie merken, daß Sie auf das falsche Pferd gesetzt haben und bereit sind, einen Neuanfang zu wagen, werden Sie auf lange Sicht bestimmt erfolgreich sein.

8

Liebe ohne Tränen

Wir wissen, welche wichtige Rolle die Liebesbeziehungen im Leben spielen. Unser Schicksal hängt stark davon ab, wie wir unsere Beziehungen gestalten, und das hat wiederum damit zu tun, in welchem Umfang wir zum Austausch fähig sind. Die Numerologie ist uns eine große Hilfe, wenn wir feststellen wollen, ob wir gemeinsam oder getrennt glücklicher sind, ob die Beziehung flüchtig oder von Dauer ist. Wenn wir das erkennen wollen, müssen wir die Tabellen der beiden Menschen ausrechnen und dazu die aktuellen wie zukünftigen Entwicklungen berücksichtigen, wie das in den letzten Kapiteln beschrieben wurde.

Es gibt im allgemeinen drei Regeln, die uns zeigen, wie wir mit anderen Menschen zurechtkommen werden.

	Wasser	Luft	Feuer
1. Ähnlichkeit	1, 5, 7	3, 6, 9	2, 4, 8, 11, 22
2. Ergänzung	zwei Zahlen, gerade oder ungerade		
3. Gegensatz	zwei Zahlen, eine ungerade, die andere gerade, versch. Konsonanzen zugehörig		

Die Konsonanzen sind Wasser, Luft und Feuer, wie umseitig dargestellt.

Ähnlichkeit:

Sie bewirkt Harmonie in engen Beziehungen. Sie besteht, wenn die Zahlen des Zieles und des Schicksalswegs die gleichen sind.

Ergänzung:

Wenn zwei Zahlen entweder ungerade oder gerade sind, ergänzen sich zwei Menschen. Sie werden sich gegenseitig das geben können, was dem anderen fehlt.

Die Schwingungen der Zahlen sind zwar verschieden, aber die Zusammenstellung ist harmonisch, da beide Menschen aufgrund der Unterschiede lernen werden und sich entwickeln.

Gegensatz:

Wenn entweder die Zahlen des Zieles oder des Schicksalswegs einen Gegensatz bilden, ist es sehr schwer, die Ideale des anderen zu verstehen, die Interessen zu teilen. Die Anziehung kann stark sein, obwohl sich beide gegenseitig als ganz verschieden und fremd erleben. Die Persönlichkeiten werden heftig aufeinander prallen.

Wenn Sie die Bedeutung der Zahlen wirklich verstehen, können Sie beim ersten Zusammentreffen mit unbekannten Menschen leicht erkennen, wie und auf welchem Gebiet Sie miteinander zurechtkommen werden. Sie zählen einfach Ihre Zahl des Ausdrucks zu den Zahlen der anderen hinzu und sehen sich das Ergebnis an.

Ein Beispiel: Ihre Zahl des Ausdrucks ist die 1, die des anderen die 9. Als Ergebnis erhalten Sie die 1. Sie können zusammen arbeiten, studieren, etwas organisieren und neue Projekte in die Wege leiten.

Oder Sie haben beide die 1, als Ergebnis also die 2. Unter günstigen Bedingungen werden Sie sich also ineinander verlieben, heiraten und eine Familie gründen.

Das gleiche Prinzip läßt sich auch anwenden, wenn wir die Geburtsdaten zusammenzählen. Ihr Geburtsdatum ergibt eine 6, die des anderen eine 9. Hier herrscht Verständnis für einander, da beide Zahlen der Konsonanz Luft angehören und sich ähnlich sind.

Das gegenscitige Verstehen kann zu einer dauerhaften Freundschaft, Partnerschaft, Ehe oder Zusammenarbeit führen. Beide werden vom anderen viel lernen, werden sich entfalten und entwickeln und reifer werden.

Falls Sie jedoch ernsthaft interessiert sein sollten, müssen Sie die beiden Zusammenstellungen der Tabellen untersuchen, dazu auch die Gipfel und Zyklen des Lebens. In diesem Fall wäre es im allgemeinen gut, einen erfahrenen Numerologen zu Rate zu ziehen, der das Für und Wider genauer abschätzen kann.

Es gibt noch einen Faktor, mit dem sich bestimmen läßt, ob zwei Menschen gut miteinander auskommen werden; er läßt erkennen, ob es sich im wesentlichen um positive, nach außen orientierte oder um intuitive, eher schöpferische Menschen handelt.

Positiv und negativ

Wir teilen die Zahlen in positive und negative ein. Wir können uns leicht einprägen, daß die ungeraden Zahlen für positive, objektive und im Grunde extravertierte Merkmale stehen. Die geraden Zahlen stehen für negative, subjektive, intuitive, weibliche und introvertierte Charaktereigenschaften. Wenn also in einem Namen und Geburtsdatum die geraden Zahlen vorherrschen, haben wir es mit einem eher negativen, subjektiven, von der schöpferischen Phantasie geprägten Menschentyp zu tun. Mit einem Wort, erstere sind letztere *Denker.*

Das ist natürlich zu oberflächlich gesehen, da die Übergänge fließend sind und kein Mensch ganz und gar introvertiert oder extravertiert ist. Wir können aber feststellen, daß im allgemeinen die eine oder die andere Grundhaltung vorherrscht.

Wenn eine vorwiegend introvertierte Frau einen hauptsächlich extravertierten Mann heiratet, kann es zu Schwierigkeiten in der Verständigung kommen, die die Beziehung in Frage stellen, wenn nicht beide bereit sind, an dem Problem zu arbeiten.

Viele Menschen interessieren sich dafür, ob sie jung heiraten werden oder erst später, oder ob sie vielleicht überhaupt keine Ehe eingehen wollen. Andere möchten wissen, ob sie sich ein zweites Mal verheiraten werden. Das sind eigentlich zwei gesondert zu behandelnde Fragen.

Die Zahl 6

Sie ist die Zahl der Ehe, und wenn sie in den Tabellen häufig auftritt, sei es als Zahl des Ausdrucks oder des Zieles, werden die Betreffenden sehr wahrscheinlich früh heiraten, es sei denn, es finden sich zusätzlich viele introvertierte Zahlen, die dazu beitragen, daß die Eheschließung erst später erfolgt.

Wenn die Quersumme der persönlichen Jahreszahlen 3, 5, oder 6 ergeben, sind die entsprechenden Jahre wichtig für eine Eheschließung. Die 6 deutet auf ein Jahr hin, das günstig für eine ruhige, gesicherte Zukunft ist. Die 5 bringt eine lebhaftere Schwingung, eine gewaltige körperliche Anziehungskraft und manchmal eine Art Haßliebe.

Wenn eine Frau eine 6 als Zahl des Ausdrucks hat und ihr Gipfel eine 6 zeigt, und noch eine 6 als persönliche Jahreszahl hinzukommt, kann mit großer Wahrscheinlichkeit auf eine Verehelichung geschlossen werden.

Wenn wir etwas über eine Wiederverheiratung wissen wollen, sehen wir uns die Zahl des Ausdrucks an. Handelt es sich um eine introvertierte Zahl, und ist die Zahl des Gipfels ebenfalls introvertiert, ist eine Wiederverheiratung weniger wahrscheinlich. Sollte sich die Zahl des Gipfels ändern, könnte es anders aussehen.

Manchmal heiraten Menschen spät, weil sie gewisse Verantwortungen übernehmen mußten oder nicht ausreichend Geld hatten und keine Sicherheit bieten konnten. Wir sehen uns die Zahl des Gipfels daraufhin an, und wenn es sich dabei um eine 6 oder 2 handelt, können wir ziemlich sicher sagen, daß sie in ihren späteren Jahren nicht allein sein werden.

Das gilt vor allem, wenn die Zahl der Wirklichkeit, die Summe von Schicksalsweg und Ausdruck, eine 6 oder 2 ist.

Wenn die Zahl der Wirklichkeit eine 6 ist, kann es sein, daß die wahre, beständige Liebe, der richtige Partner erst spät im Leben kommen.

Wichtig an der Numerologie ist, daß sie uns helfen kann, die anderen Menschen zu verstehen. In diesem kleinen Buch mußte vieles gedrängt dargestellt werden; so konnte das Thema nicht in seiner ganzen Tiefe behandelt werden. Ich hoffe aber, daß die hier dargestellten Hinweise unser Verständnis für die grundlegenden Unterschiede der Charaktereigenschaften, Schicksalswege und Lebensweisen erweitern. Es lohnt sich, alles zu prüfen, was zu einem besseren Verständnis beiträgt und die Beziehungen vertieft und verfeinert.

Soll ich meinen Namen wechseln?

Schließlich kommen wir noch zu einer Frage, die häufig gestellt wird: «Soll ich meinen Namen ändern oder wechseln?» Die Antwort heißt ja, wenn Ihnen das auf einem bestimmten Gebiet zum Erfolg verhilft. Da Sie die Bedeutungen der verschiedenen Zahlenschwingungen jetzt kennen, wissen Sie auch, daß einige Zahlen gut für das Geschäft, andere gut für alles Schöpferische sind. Es gibt Fälle von Sängern, die siebzehn Jahre lang in der Provinz vor sich hin welkten, dann ihren Namen änderten und über Nacht berühmt wurden.

Wenn Sie auf künstlerischem, literarischem Gebiet Erfolg haben wollen, sollten Sie Ihren Namen so ändern, daß er eine 3, 6 oder 9 ergibt. Wenn Sie finanziell erfolgreich sein wollen, muß das Ergebnis eine 8 sein.

Dabei sollten aber Geburtstag und Schicksalsweg nicht übersehen werden, und es empfiehlt sich, einen erfahrenen Numerologen um Rat zu fragen, wenn Sie Ihren Namen ändern wollen oder müssen. Denken Sie aber daran, daß der ursprüngliche Name dadurch nicht ausgelöscht ist. Seine Schwingung bleibt erhalten. Der neue Name verschafft Ihnen nur etwas von den Eigenschaften, die Ihnen fehlen.

Ich hoffe also, daß Sie Freude an der Erforschung der Zahlen haben und daß sie Ihnen wirkliches Vergnügen bereiten.

Register